日経文庫
NIKKEI BUNKO

パワーハラスメント〈第2版〉

岡田康子・稲尾和泉

日本経済新聞出版社

はじめに

現在、パワハラという言葉はすっかり世の中に定着した感があります。

その一方で、現場の管理職の方は部下指導に悩んでいるのではないでしょうか。

例えば、「厳しく指導するとパワハラで訴えられるのではないか」「ちょっとした注意でも、相手が不快であればパワハラになってしまうのではないか」「パワハラと言われると面倒くさいな」というような、漫然とした不安が払拭できないために、部下とのコミュニケーションを躊躇《ちゅうちょ》してしまうことはないでしょうか。

本来、「ハラスメント」という言葉には、単に「嫌がらせ」という直訳された意味だけではなく、人権侵害や侮辱などで相手を傷つけることや、不利益を与えることなど、『人として許されない行為』という意味が含まれています。そういった行為が「指導」の名を借りて行われていることがパワハラであり、厳しい指導＝パワハラではありません。

筆者がパワハラという言葉をつくったのは2001年。それからだいぶ時間がたって、世の中の動向やパワハラに対する認識も変化しています。そうした変化を受けて、2017年から2018年にかけて、筆者も委員として参加した厚生労働省「職場のパワーハラスメント防止対策についての検討会」が開催されました。2018年3月に報告書が発表され、パワハラの定義や職場での防止策などについて提言しています。

本書は、この報告書も踏まえて、管理職のみなさんに自信を持って部下指導をしていただくために、パワハラについてより深く理解した上で、パワハラと指導の境い目がどこにあるのか、どうすればパワハラにならない効果的な部下指導ができるのか、について解説しています。2011年に刊行した第1版を、最新の状況を踏まえて全面的に改訂しました。

なお、今回の改訂にあたり、㈱クオレ・シー・キューブのホームページでもご紹介している成蹊大学法学部教授・原昌登先生の判例解説を参考とさせていただきました。2009年のパワハラ勉強会のメンバーとともに、心からお礼申し上げます。

ぜひ、本書によってパワハラを防ぐ方法を身につけ、明日からの部下指導に活かしていただきたいと思います。

2018年7月

筆　者

パワーハラスメント　目次

第3章　職場で起こるさまざまなハラスメント

第4章　パワハラと指導の境い目はどこにあるのか

第1章

社会問題化するパワハラ

1 個別労働紛争が激増、職場での対策が急務に

(1) パワハラ相談は急増している

近年、雇用形態や経済環境の変化を背景に、労働問題が全般的に増加しています。厳しいグローバル競争が続き、大企業であっても経営統合や事業の切り売り、外資系企業による買収などが相次いでいます。企業や労働者を取り巻く環境が激変するなか、パワーハラスメント（以下パワハラ）問題がますます注目を集めています（パワハラの定義については、第2章で詳述しています）。

厚生労働省が発表している2017年度の個別労働紛争解決制度の施行状況によると、総合労働相談の件数は110万件あり、そのうちもっとも相談が多いのが「いじめ・嫌がらせ」に関するもので、7万件を超える相談が寄せられています。実は過去6年間、この「いじめ・嫌がらせ」、つまりパワハラ関連の相談が1位となっているほど、深刻な状況です。

「解雇」や「自己都合退職」に関する相談よりも、パワハラの相談が多い理由は複数あると考えられます。

図表 1-1　個別労働紛争相談件数

【2017年度の相談件数】
総合労働相談件数：1,104,758 件（前年度比 2.3% 減）
いじめ嫌がらせの相談件数：**72,067 件**（前年70,917件）

個別労働紛争におけるいじめ嫌がらせの相談件数推移

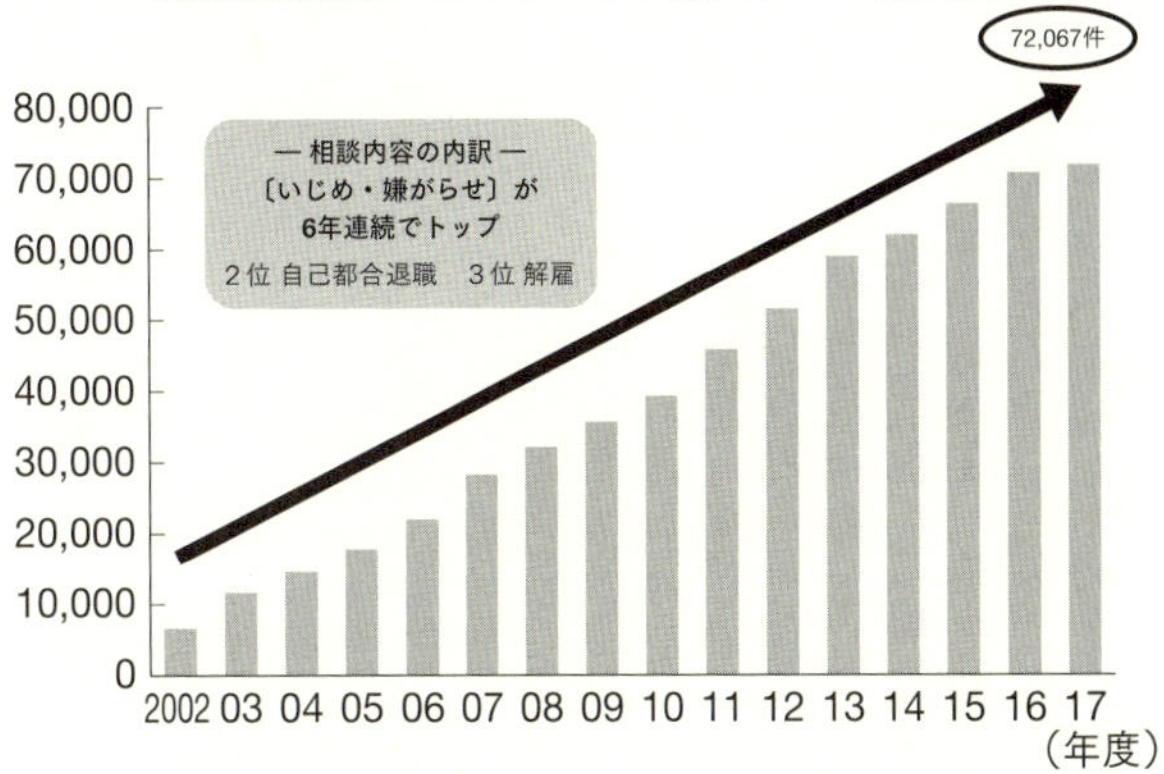

［出所］厚生労働省「平成 29 年度個別労働紛争解決制度施行状況」
平成 30 年 6 月 27 日報道発表資料

2017年3月に厚労省から公表された「職場のパワーハラスメントに関する実態調査報告書」によると、1000人以上の大企業ではパワハラ対策も進み、相談窓口の設置等も進んでいることがわかります。一方で、企業規模が小さくなればなるほど対策は進んでおらず、99人以下の小規模企業では実に26％しか対策を実施していません。こうした企業では、お互いに顔がわかってしまうくらいの小人数のため、たとえハラスメントを受けていても社内では相談しづらく、労働局や労働基準監督署、弁護士といった外部資源に頼

図表 1-2　パワーハラスメントの予防・解決のための取組の実施状況

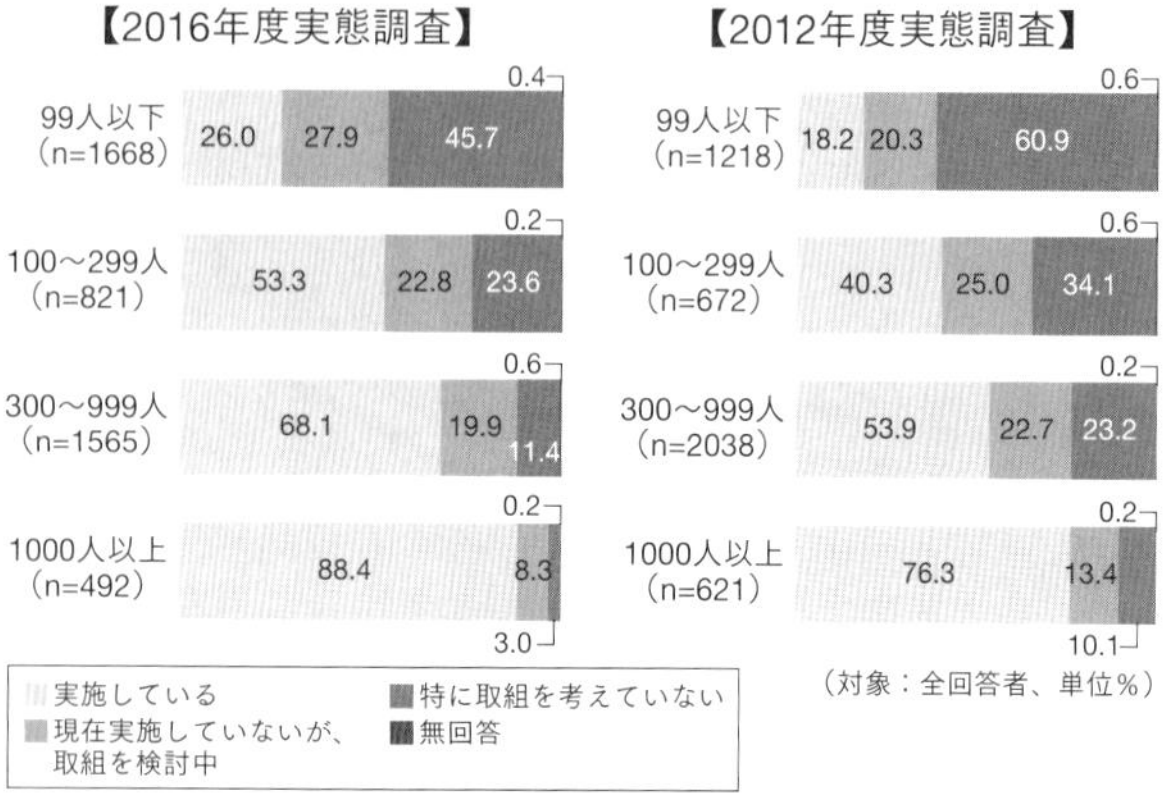

［出所］「職場のパワーハラスメントに関する実態調査」平成 29 年 3 月厚生労働省

るしかないのが実情と考えられます。

また、最近では、厚労省の「明るい職場応援団」というホームページで、全国の相談窓口が告知されています。インターネットで気軽に相談できる場所が検索できるようになっていることも、相談件数が増えている要因と考えられます。深刻になる前に、早めの相談による解決が期待されます。

一方で別のデータを見ると、パワハラ被害を受けた人の40%が「何もしなかった」と回答しています。社内外に相談しても解決にならない、あるいは相談することでかえって不利益になるのではないか、という不安から声を上げていない人も多数存在し

図表 1-3　パワーハラスメントを受けたと感じた者における その後の行動

（複数回答、男女別、単位％）

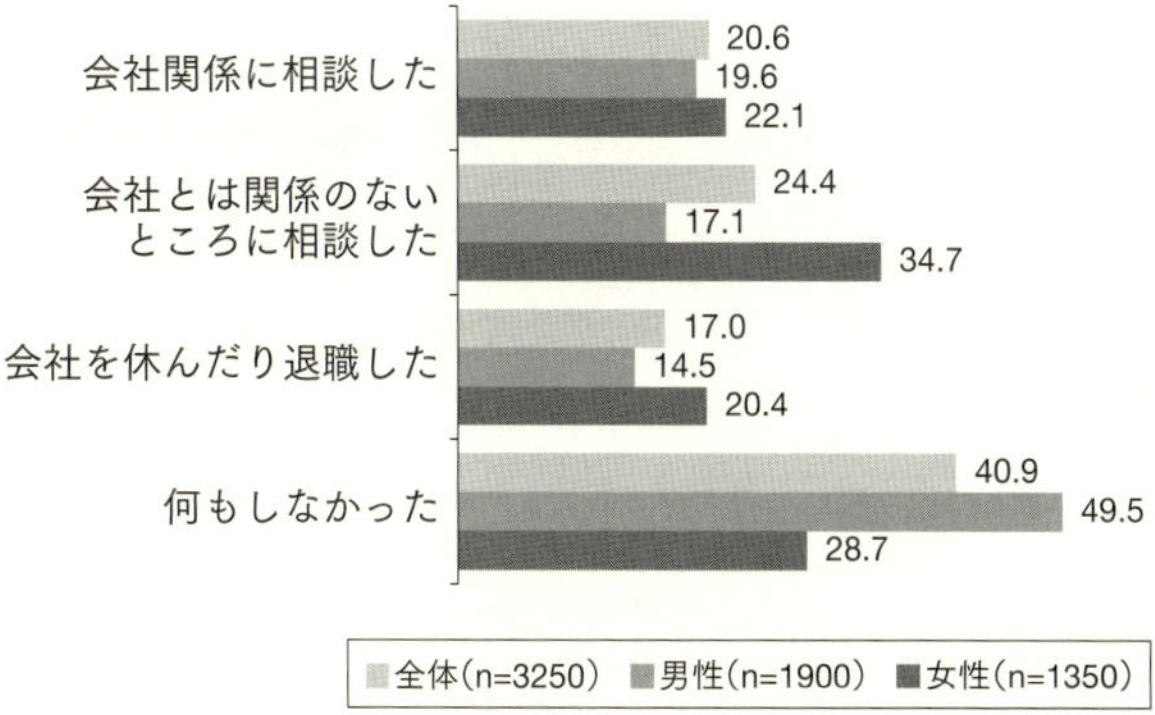

［出所］「職場のパワーハラスメントに関する実態調査」平成 29 年 3 月厚生労働省

ます。その意味で、労働局の相談件数はまだまだ氷山の一角で、潜在的なパワハラは多数存在すると考えられます。

(2) 企業が大きな不利益を受ける可能性

一方、企業でも、そのような社会情勢を敏感に感じとっています。私たちにも、「職場のパワハラ対策をどのように進めたらいいか」という相談が、以前にも増して多く寄せられています。パワハラ防止を盛り込んだ就業規則の改定や社外相談窓口の設置、ガイドブックなどによる社内告知、管理職教育などは、大企業のみならず中小企業でも取り組みを検討する企業が増えてきました。

企業におけるパワハラは、労働問題や訴訟に発展したときのリスクだけではなく、職場風土の悪化、最近では、生産性の低下やインターネット上での情報拡散によるリスクもクローズアップされており、対策が急がれています。ここ1～2年は企業のみならず学校やスポーツ界での暴力行為や脅迫行為も注目され、理不尽なパワハラには世間の厳しい視線が注がれるようになりました。

しかし、パワハラは、セクハラやマタハラのように法律でその対策が明確に義務付けられているわけではありません。それにもかかわらず、多くの企業で何らかの対策を導入しているのは、企業が、パワハラ問題の悪影響を無視できない大きなものととらえているためと考えられます。パワハラ対策をとらないことが、企業にとって不利益になる時代となったのです。

2 労災認定されるようになったパワハラ

(1)「ひどい嫌がらせ、いじめ」を判断指針に追加

2009年4月に、精神障害等の労働災害（労災）請求事案の業務上・外を判断するため

の「心理的負荷による精神障害等に係る業務上外の判断指針」が一部改正になりました。判断指針の4項目にわたり追加・修正が行われましたが、「職場における心理的負荷評価表」（以後「評価表」）に新たに「ひどい嫌がらせ、いじめ、又は暴行を受けた」という項目が追加され、心理的負荷の強度が「Ⅲ」という最高レベルのものが適当とされています。

精神障害の労災認定は、以下の判断要件によって総合的に判断されます。

① 判断指針で対象とされる精神障害（うつ病など）を発病していること
② 判断指針の対象とされる精神障害の発病前おおむね6カ月の間に、客観的に当該精神障害を発病させるおそれのある業務による強い心理的負荷が認められること
③ 業務以外の心理的負荷及び個体側要因により、当該精神障害を発病したとは認められないこと

②の要件に該当する「業務による心理負荷」を評価するために、「心理負荷評価表」というものがあります。精神障害の発病に関与したと思われる業務による「出来事」にどのようなものがあるのかを把握し、その出来事が表の中の「具体的出来事」に該当するか、または近いかを判断します。それによって、心理的な強度を評価するのです。

それまで上司からのパワハラについては、「上司とのトラブルがあった」という項目に含

まれており、「強度Ⅱ」で評価していました。２００９年の改正により、その内容・程度が業務指導の範囲を逸脱し、人格や人間性を否定するような言動が認められる場合には、新たな項目である「ひどい嫌がらせ、いじめ等」に該当するとし、より心理的負荷の重い「強度Ⅲ」で評価することとなりました。

ほかに、「強度Ⅲ」という強い心理的負荷を感じるとされている出来事には、「重度の病気やケガ」「交通事故（重大な人身事故、重大事故）を起こした」「労働災害（重大な人身事故、重大事故）の発生に直接関与した」「会社の経営に影響するなどの重大な仕事上のミスをした」「退職を強要された」の５項目しかありません。つまり、「ひどい嫌がらせ、いじめ」は、これら５項目と同等の強い心理的負荷があると考えなければならないのです。

さらに、２０１１年12月には「心理的負荷による精神障害の労災認定基準」が策定され、長時間労働やセクハラ、パワハラによるメンタル不調者を救済しようという取り組みが進んでいます。

(2) 会社の責任が認められるケースも多い

かつては、たとえパワハラによってうつ病などの精神障害になったとしても、単に上司と

図表1-4　精神障害の労災認定の推移

精神障害の労災請求と認定件数の推移

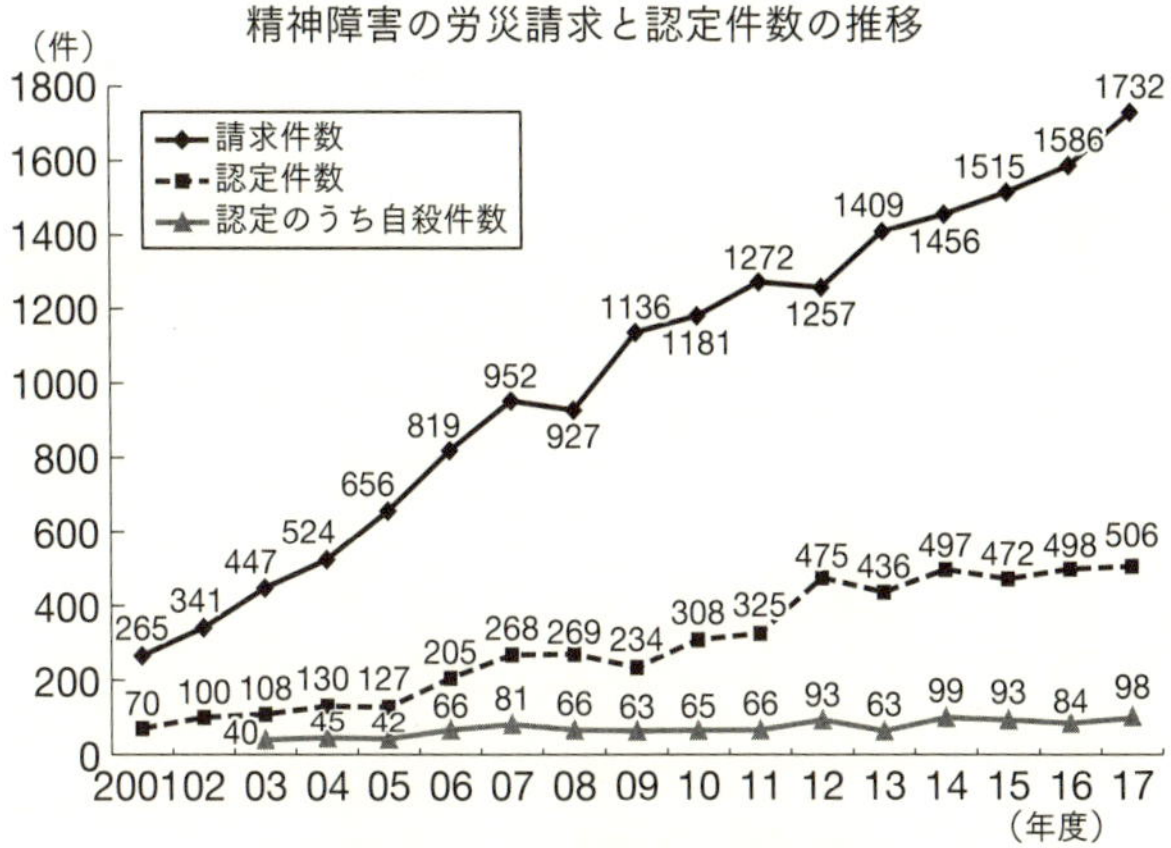

精神障害の出来事別支給決定件数
（2017年度 上位10項目）

具体的な出来事	2015年度	2016年度	2017年度
（ひどい）嫌がらせ、いじめ、または暴行を受けた	60	74	88
仕事内容・仕事量の（大きな）変化を生じさせる出来事があった	75	63	64
特別な出来事（心理的負荷が極度のもの）	87	67	63
悲惨な事故や災害の体験、目撃をした	45	53	63
2週間以上にわたって連続勤務を行った	25	47	48
1カ月に80時間以上の時間外労働を行った	36	39	41
セクシュアルハラスメントを受けた	24	29	35
（重度の）病気やけがをした	34	42	26
上司とのトラブルがあった	21	24	22
配置転換があった	13	14	11

［出所］厚生労働省「平成29年度 過労死等の労災補償状況」
平成30年7月6日報道発表資料

部下の感情的なもつれで、被害を受けた側が精神的に弱いことが原因だとされることが多くありました。

しかし、この改正を受けて、パワハラ行為を放置して精神障害に罹患する人を出すことは、工場の事故でケガ人を出す行為と同様、労災と認められるようになっています。2017年度の精神障害による労災申請件数を見てみると、2016年度の申請件数1586件を上回る1732件の申請があり、そのうち506件が労災と認められています。

私たちの相談窓口には多くのパワハラ被害者からの相談が寄せられますが、うつ病で治療中だったり、抑うつ状態にあったりする方が少なからず存在します。療養が長期にわたり、回復が見込めない状態になり解雇や退職という状況に追いつめられると、「自分がうつ病になったのは、上司と会社の責任だ」という考えに至り、労災申請を行う場合も少なくありません。

また、労災認定が民事裁判に及ぼす影響も無視できません。労災と認定されるということは、その精神障害の発症が「業務に起因する」ことが認められたということです。つまり、会社に責任があると立証されたことになり、民事裁判でも会社の責任が認められるケースが多いのが現実です。

パワハラがメンタルヘルス問題に大きな影響を与えることが明らかになった今、さらなる職場の対策が求められています。

3　言葉の普及によって起きている変化

(1)　何でもパワハラにする部下

私たちがパワハラという言葉を生み出したのは、2001年の冬ごろです。その後、継続的にパワハラの被害者を対象とした一般の電話相談窓口を開設し、5年ほど相談をお受けしました。相談内容は非常に深刻で、「役立たず」「死んでしまえ」「ここから飛び降りろ」などの暴言は当たり前、中には「灰皿をぶつけられた」「頭を思い切り殴られた」「けられた拍子に骨折をした」などという訴えもありました。

心身への影響も深刻で、「上司が座っている席のほうの耳が聞こえなくなった」「上司のいるほうに首が回らない」などの身体症状に悩む人や、うつ病を発症し自殺未遂をした体験を話してくれた人もいました。私たちはその被害の深刻さに驚き、パワハラのない働きやすい職場環境を実現したいと思い、活動を続けてきました。

その後、マスコミに大きく取り上げられたことなどもあって、企業で防止活動が大きく進みました。今や「パワハラ」という言葉を知らない人はいない、と言えるでしょう。

しかし、それに応じてパワハラの問題が減るかと言えば、そうではありません。実際、前述したようなひどいパワハラ問題はだいぶ少なくなりましたが、相談の数は増え続けています。また、特徴的な変化が起こっているのを感じています。

たとえば、「私の能力を活かす仕事を与えないで、評価を下げるのはパワハラではないか」「私は何もわからないのだから、最初から全部わかりやすく説明するのが上司の責任。そうしないのに、仕事ができなくて叱られるのはパワハラだ」「上司がシフトをつくるときに、気に入った人だけえこひいきしている。これはパワハラではないか」というような相談が、実際に入ってきています。

当然、まったく上司に問題がないケースだとは言い切れませんが、部下にも仕事への取り組み姿勢やコミュニケーション上の問題があるのではないかと感じてしまうような内容もあります。また、その行為の程度からパワハラとは言えないような相談も、最近多くなってきています。

図表 1-5　パワーハラスメントに関する相談の内容

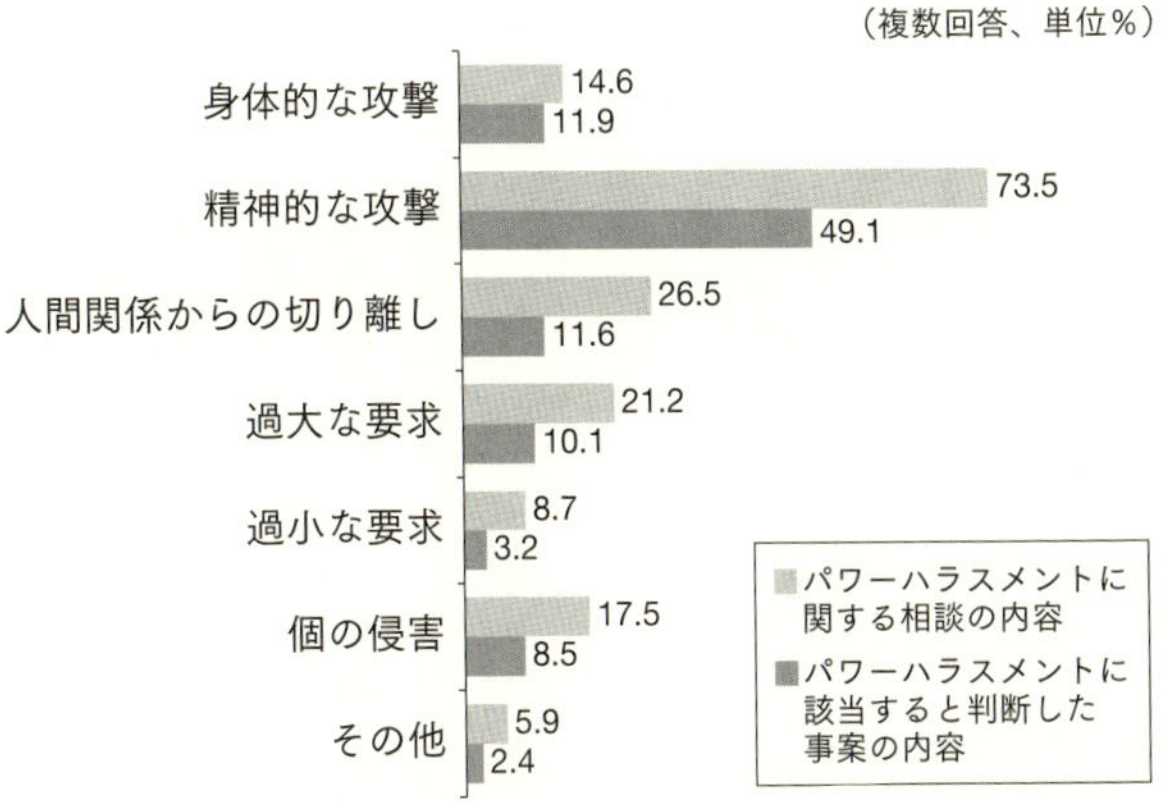

［出所］「職場のパワーハラスメントに関する実態調査」平成29年3月厚生労働省

先述の厚労省の実態調査でも、パワハラを受けているという相談のすべてがパワハラと認定されているわけではないというデータがあります。

こういう相談が増加しつつある背景には、パワハラという言葉が独り歩きをし、誤解を生んでいることがあります。処遇や業務上の不平不満を上司に直接伝えようとせずに、パワハラという言葉に変えることで、上司をコントロールしようとしている場合も少なからず存在します。

相談が多く寄せられること自体は、決して悪いことではありません。一方で、本来のパワハラから外れる相談に対して対応を誤ると、いたずらに「加害者という名の被害者」

をつくり、逆に職場の秩序を乱しかねないという問題をはらんでいます。

(2) 加害者にも被害者にもなりうる怖さ

そうした労働者の意識の変化に合わせて、企業の対応も変化しつつあります。当初、パワハラ研修などを主催するのは、主に人権啓発や企業倫理に関する部門が大半を占めていました。「パワハラとは何か、実態はどうなっているか」ということを伝え、一人ひとりの人権を尊重し、より働きやすい会社にしていこう、というメッセージを強く打ち出していました。

最近では、コンプライアンス部門が企業リスクとして広く周知する必要性から、また人事部や人材開発部門などが部下育成の重要性から研修を実施するようになっています。パワハラという言葉の浸透とともに、その行為が人権侵害に当たるという事実を認識するのは当然のこととして、どうすればパワハラがない職場をつくることができるのかをテーマに、コミュニケーションや指導方法を見直す、という新しいステージに入ってきているのだと考えられます。

20年前、パワハラという言葉がなかった時代とくらべると、職場で怒鳴りながら部下を叱責している上司がかなり減少した代わりに、目立たないやり方で部下を追いつめることや、先輩から後輩、正社員から派遣社員など、わずかなパワーの差によって引き起こされるパワハラは依然として存在します。激変する事業環境、それにともなう仕事の仕方の変化により、個々の働き方の価値観が揺らぎ、今後のキャリアやライフプランも今まで通りでは通用しなくなりました。その葛藤や変化への不安が、他者への攻撃となったり、逆にパワハラを受けていると感じやすくなったりさせているのかもしれません。

また、被害者側にも改善点がある事例が増加し、いつどんな理由でパワハラの被害者・加害者になってしまうかわからない状況になっています。

4　裁判例に見るパワハラの実態と企業・加害者が負うリスク

(1)　加害者だけでなく企業も責任が問われる

実際のケースを見ながら、裁判の中で明らかにされたパワハラの実態とそのリスクについて考えてみたいと思います。

〈U銀行（パワハラ）事件〉（岡山地判　平24・4・19　労判1051号28頁）

銀行の社員Xが、上司3名のパワハラで退職を余儀なくされたとして、上司および会社に損害賠償を請求したところ、上司1名のパワハラが認められ、その上司および会社の責任が認められました。

パワハラは、Xが病気（脊髄空洞症）で約2カ月半の入院、約2カ月の自宅療養を経て復帰し配属された支店で、上司（支店長代理）により行われました。なお、Xには後に身体障害者4級の認定を受けるほどの後遺症（左肩、左肘の障害）があったのですが、行為者は、Xの病状、体調について、ほとんど把握も配慮もしていませんでした。その後、Xは数回の異動を経て定年の6年前に退職したのち、銀行を提訴しました。

上司はミスをしたXに対し、「もうええ加減にせえ、ほんま。（…中略…）辞めてしまえ。足がけひっぱるな」「足引っ張るばあすんじゃったら、おらん方がええ」「今まで何回だまされとんで。あほじゃねんかな、もう。普通じゃねえわ、あほうじゃ、そら」と言ったり、ほかの社員を引き合いに出して「XはB以下だ」と言ったりするなど、厳しい口調で頻繁に叱責していました。

裁判所は、上司の叱責は健常者であっても精神的にかなりの負担を負うものであり、復帰直後で後遺症もあったXにとってはさらに精神的に厳しいものであって、上司がXの病状、体調に無配慮であったことに照らすと、これらの行為はパワハラに該当する、と判断し、上司個人の不法行為責任（民法709条）と、雇用主としての銀行の使用者責任（民法715条）を認め、上司と銀行に連帯して慰謝料の支払いを認めました。

この裁判例は、ハラスメント行為に対して、加害者はもちろんのこと、職場にハラスメント行為があった場合の使用者の責任を明らかにしています。加害者の行為が不法行為に該当するだけではなく、それに対処をしなければ企業が使用者責任を問われるということが明確になっています。パワハラを「単なる人間関係の問題」として見過ごし、適正に対処しないと、企業の責任まで問われる事態になってしまうのです。

加害者について言えば、その行為はまったく許されるものではありませんが、自分でも気づかないうちにエスカレートしてしまった可能性があります。過去に自分も同じように指導された経験があると、自分自身の痛みに鈍感になることもあります。

自分が受けた指導を「こういうものだ」と信じ込み、だれからも、何の注意もされず、その行為自体が許されないという認識を持たずに続けた結果、被害者は健康を害して退職、その後、裁判で訴えられることになってしまいました。パワハラ行為に気づかずにいると、このような事態に発展してしまうのです。

〈自衛隊浜松基地　三等曹事件〉（静岡地判　平23・7・11）

原告の息子Xが自殺したのは、Xの先輩である二等空曹のパワハラが原因だとして、遺族4人が二等空曹と国を相手に合計1億1000万円の損害賠償請求を行いました。その結果、裁判所は、国におよそ8000万円の支払いを命じています。

判決では、2005年2月から被害者の男性が自殺するまでの9カ月間に、先輩の二等空曹が被害者に対して、禁酒するように命じたり、身分証明書を取り上げたり、100枚の反省文か辞表を書くように強要し、その文章を読ませたりした行為について、「行き過ぎた指導を繰り返した」と指摘し、違法性を認めました。

その上で、これらの行為が「被害者が自殺を生じさせると認識できる性質だった」と予見可能性を認め、国家賠償法にもとづいて国に賠償を命じました。

その後、国は控訴をせずに判決は確定し、北澤俊美防衛相（当時）が直接遺族に謝罪を行っています（「中日新聞」2011年7月26日付朝刊）。

これらの判決は、パワハラ被害で苦しんでいる被害者の方には、パワハラと自殺や精神疾患との因果関係が認められた結果、労災や企業組織の責任が認められた例として大きな意味がある一方、企業にとっては新たなリスクとして受け止められています。実際に、自衛隊浜松基地の判決では8000万円という巨額の賠償金額となっており、今後パワハラ自殺が争点となる裁判は、企業の存続にかかわる大変な事態になるケースもあるでしょう。行き過ぎた指導を放置した代償は、あまりにも大きいと言わざるをえません。

そのほかにも、裁判になればその対応に当たる社員は本来の仕事に従事できず、業務の生産性が低下します。また、大々的に報道されれば、企業イメージの大幅な低下を招いてしまいます。一度失った企業イメージを回復させるのは、簡単ではありません。

(2) 裁判に至る前にできることがある

これらのケースのように、仕事を失ったり不幸にして自殺に至ったりした場合は別として、訴えを起こす側にとって、裁判による解決という方法は最良なのでしょうか。このような最悪の事態に至る前の段階で「パワハラの被害にあっているので裁判を起こしたい」という相談が私たちに寄せられた場合、決定的な犯罪レベルの行為がないときは裁判をすすめることはせず、まずはその職場の中で問題解決ができないかを模索しています。

なぜなら、裁判には長い期間、闘うだけの金銭的な余裕と、強い精神力が必要です。被害を受けたという証拠を集めたり、証人になってくれる仲間への協力を依頼したりするなど、健康な人でもかなりの心理的負担を強いられます。

ましてや、精神障害を抱えながら乗り越えなければならないとすると、パワハラ被害を受けた以上の大きなダメージになりかねないだけでなく、希望どおりの判決が下りるとは限りません。このような現実がある以上、裁判を安易におすすめすることはできないのです。

裁判を起こす際には、被害者自身やその家族のその後の人生において、裁判がどのような意味を持つのかについて、十分に考慮した上で判断することが肝要です。組織内でできる限りのことをし、もうこれ以上打つ手がないと思ったときの最終手段が、裁判や、事業主と個々の労働者との間の労働関係に関するトラブルを、その実情に即し、迅速、適正かつ実効的に解決することを目的とする労働審判手続という形です。

大切なのは、裁判など大きい問題に発展する前に、当事者同士で問題解決に向けてどれだけ努力できるかという点でしょう。

5 誤解から新たな問題を生まないために

(1)「パワハラ」という言葉を正しく理解する

パワハラという言葉が世の中で使われ始めたころ、被害者の方から「自分が受けてきたことに名前がついたことで、対処できるようになりました」という言葉をいただいたことがありました。「これまで自分が受けてきた理不尽な言動を一言で表すことができず、周囲にも説明するのが難しかったし、体験を共有することもできなかった。しかし、パワハラと言っただけで理解してもらえるようになり、共感を得やすくなった」というのです。

現象に名前がつくことで、その概念が一気に広がるというのは決して珍しいことではありません。セクシュアルハラスメント（セクハラ）やマタニティハラスメント（マタハラ）も、これまで何かおかしい、不当だと感じていた言動に名前がついたことで一気に問題とする気運が高まり、企業や組織内で対策が進んだのは記憶に新しいところではないでしょうか。

パワハラも同様に、その単語があっという間に広がりました。それは、潜在的にパワハラで苦しんでいた人が、大勢いたからではないかと私たちは考えています。

しかし、現在、その言葉が強い意味を持ちすぎたために、先述したような「パワハラとは言えないことをパワハラと訴える」という弊害も見受けられます。

「正当な注意や叱責であっても、不快感を理由にパワハラだと申し立てる」「自らの努力や義務を果たさずに、評価が低いことをパワハラと言う」「気に入らない上司や同僚を異動させる、また自分が異動するための手段としてパワハラを使う」というような事例が生じているようです。

その背景には今の自分を何とかしたい、助けてほしいという切実な悩みがあるのでしょう。「パワハラを受けている」と訴えることで自分の悩みが解決できるかもしれない、「パワハラ」という言葉を使えば第三者が助けてくれるかもしれないと思っているのかもしれません。

一方、それに対応する担当者や上司も、「パワハラ」と言われることを恐れて、きちんとした注意や指導をすることを躊躇してしまう、または被害者の言い分に振り回されてしまうという状況が発生しています。

パワーハラスメントという言葉は、決して人を陥れたり、個人の利益のために利用したりする言葉ではありません。また、教育・指導を妨げるものではなく、むしろしっかりと教育・指導をするために必要な知識です。その部分が理解されていないのではないかと危惧しています。

(2) パワハラのない職場は自分でつくる

パワハラはもともと、ほんの些細な感情の行き違いが原因になっていることがほとんどです。何らかの意図を持って攻撃をしてくる加害者ももちろん存在しますが、実際に相談を受けていると、仕事の状況報告が遅れ、ミスも多く、攻撃的な言い方をしてくる部下や後輩にイライラを募らせ、パワハラ言動をしてしまうというケースが多いように思われます。

パワハラは、つまるところコミュニケーション上の問題です。そう考えると、パワハラは上司や会社にだけ問題があるものとは言い切れません。

もちろん、行き過ぎた指導や叱責、人権を無視した発言は絶対に許されません。上司にはそのような発言をしないことへの配慮が求められますし、それを防止する義務も会社にはあります。しかし、職場で良い人間関係を築いていくのは、ほかならぬ職場のメンバー一人ひとりなのです。

時折、私たちの相談窓口に、「私が上司に言いにくいことを、そちらで代わりに言ってくれませんか」と言ってくる方がいます。自分は何もせずに、「自分にとって快適な人間関係までも、ほかのだれかが整えてくれるものだ」という意識がどこかにあるのでしょう。しかし、快適な職場は、自らつくり上げなければ、世界中のどこを探しても存在しないのです。

自分が求める快適な職場にするためには、受け身ではなく、上司に言いにくいことも自分で言ってみる、どうすれば快適かつ活気のある職場になるか考えて行動してみる、上司が自分に何を求めているのかを聞いてみる、そのような一人ひとりの働きかけが、パワハラ問題を発生させないために必要です。

パワハラへの誤った認識が新たなパワハラ問題を生まないためにも、パワハラとは何かを理解する機会を持っていただきたいと願っています。

第2章 パワハラとはそもそも何か

1　パワハラはこうして生まれた

私たちが、2001年に職場のハラスメントに興味を抱き、調査を始めたそもそものきっかけは、セクシュアルハラスメント（セクハラ）の研修でした。1999年の雇用機会均等法の改正にともない私たちはセクハラの相談窓口サービスを開始し、セクハラ研修を提供する機会が多くありました。

その研修の中で、女性社員には「望まない誘いはきちんと断る」というレクチャーをしていました。すると、それを見た男性社員から、「男だって夜は自分の時間がほしい」「上司から休日にゴルフに誘われたら、予定があってもつきあわなくちゃならないのでしょうか」という声があがったのです。

セクハラは、それを受けた本人が不快かどうかでNOと言える、会社もセクハラにならないよう注意しろと言っている、でも自分たちは不快でも上司の叱責や飲み会のつきあいにNOとは言えない……、そんな男性社員の悲痛な訴えが聞こえてきたのです。

私たちは「女性だけでなく、男性も職場で大変な思いをしているのかもしれない」という視点に立って、職場のハラスメント調査を開始しました。すると、私たちの予想をはるかに超える深刻な訴えが次々と寄せられたのです。

「バカヤロー!」「死んでしまえ」などの暴言が当たり前のように使われ、肩をこづく、足をける、胸ぐらをつかまれる、書類を投げつけるなどの身体的な暴力も少なくない状況でした。さらに、そうしたハラスメントを受け続けた結果、心身の不調を訴える人がかなりの割合にのぼっていました。

「上司の前に出ると、体が震えて言葉が出なくなる」「上司の声を聞くだけで、鳥肌が立って、それと同時に胃が痛くなる」などの身体症状を訴える相談者もいました。明らかに、「これ以上我慢したら自分が壊れてしまう」という身体からのSOSです。ハラスメントを受け続けた結果、「胃かいようになった」「不眠で通院している」「うつ病と診断された」という相談者も少なくなく、私たちは大きな衝撃を受けました。

電話相談を開始した当時は相談電話が鳴りやまず、相談員も電話を切るとすぐ次の電話相談がかかってくるという状態で、多くの方が苦しんでいる状況を実感することになりました。

そこで私たちは、このような職場のハラスメントを「パワーハラスメント」と名づけまし

図表 2-1　パワハラ・セクハラ・いじめの関係

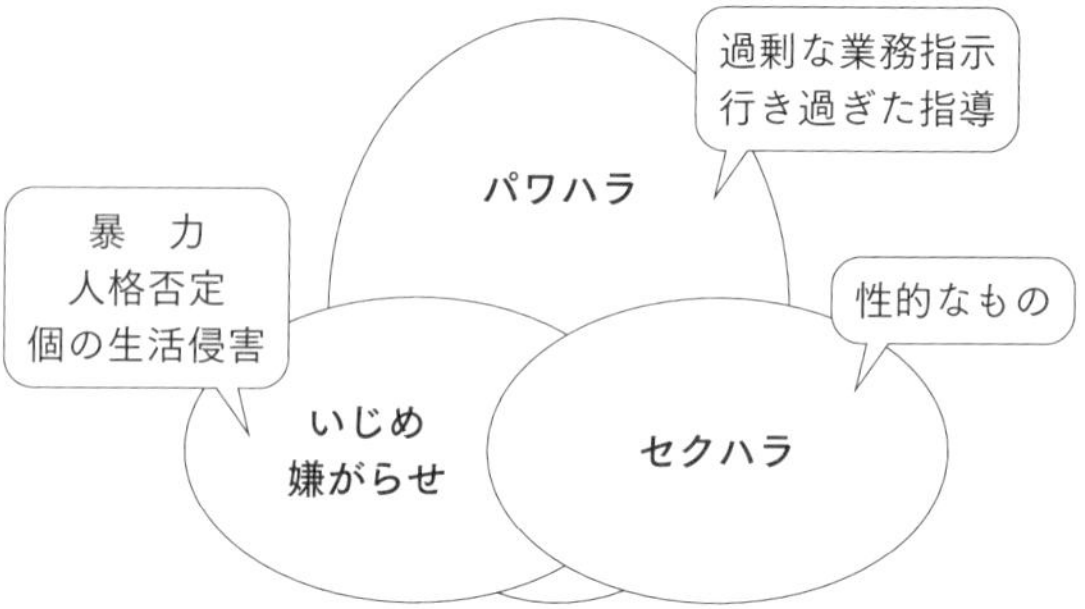

［出所］㈱クオレ・シー・キューブ資料

た。それまであまり適当な言葉がなく、「部下いびり」「職場内のいじめ」などが使われていたようでしたが、私たちが受けた相談や訴えは、決して会議室や給湯室でコソコソと悪口を言うような「いじめ」のイメージには合わないと考えたからです。見えてきたのは、上司から部下への「指導という名の人格攻撃」だったのです。

上司が部下に対して、何らかの教育的態度をとるのは職場内ではごく当たり前のことです。それが指導・叱責・罵倒とエスカレートして行われたとしても、「これらは教育的な指導である」と上司が言ってしまえば、部下としては何も言えない側面があります。一方、部下のほうも、「教育・指示・命令」の形をとって行われるために、これは教育なんだ仕事なんだと思い込んで、どんなに理不尽であっても我慢を続けるしかありませんでした。

そのような状況を踏まえ、主に職場を舞台として行われ、「権力」を背景に行われることが多いこと、すなわち「パワー」による「ハラスメント」であることから、この現象を「パワーハラスメント」と名づけたのです。

2　パワハラの定義

ここで、改めてパワハラの定義を詳しく説明します。

私たちがパワハラを定義づけたのは2003年ごろです。その後、厚生労働省主催の「職場のいじめ・嫌がらせに関する円卓会議」が2012年度に開催され、さらに2017年度には「職場のパワーハラスメント防止対策に関する検討会」が開かれました。

これらの会議を経て、現在、パワハラの概念を「同じ職場で働く者に対して、職務上の地位や人間関係などの職場内の優位性を背景に、業務の適正な範囲を超えて、精神的・身体的苦痛を与える又は職場環境を悪化させる行為」と位置づけています。これは、2003年に弊社が定義づけた内容をほぼ踏襲しています。

ここでは、パワハラを理解するために、その構成要素を噛み砕いて説明をしていきます。

(1)「職務上の地位や人間関係などの職場内の優位性を背景に」とは

パワハラはたいていの場合、職場にある何らかのパワーを利用して、相手より自分のほうが優位にある人が行っています。力関係が同等ならハラスメントにはならず、対立・ケンカとなります。

2017年度に開かれたパワハラ防止対策の検討会では、「職場内の優位性」を行為者に抵抗または拒絶できない蓋然性《がいぜんせい》が高い関係として、次の三つをあげています。

①職務上の地位が上位の者
②業務上必要な知識や豊富な経験を有している者
③集団による行為

職場では、やはり管理職が大きなパワーを持っているのが普通です。その力は職務上の権限、つまり職権なのですが、わざと低い評価を下したり、仕事を与えなかったり、反対に過重な仕事を与えるといった場合が該当します。つまり、①は上司や評価者が行うパワハラを示しています。

第二に、専門的知識や経験、スキルの力があげられます。何でも知っている人やできる人が、情報をコントロールすることで相手の仕事を妨害したり、馬鹿にしたりするような場合が該当します。

また、集団のパワーを使うものとしては、インフォーマルな集団をつくり、暗黙のルールで人を縛ったり、従わせたりするなどのケースがあります。さらには、正当性のパワーを使ったものもあります。自分の正しさを振りかざして、相手を徹底的に非難することなどが該当します。

②と③は、上司のみならず同僚同士や部下から上司へのパワハラを示しています。

最近では、アルバイトやパートタイマー、派遣社員、契約社員など働き方はさまざまです。そのため、立場による格差が生まれ、それを利用したハラスメントも頻繁に見られます。管理職でなくてもパワハラ行為者になりうるのです。

(2)「業務の適正な範囲を超えて」とは

「明らかに業務上必要がないこと」あるいは「業務の目的を大きく逸脱したり、態様が許容範囲を超えるもの」という点が重要なポイントとなります。

●私的な送り迎えなどをさせる
●嫌がらせ目的でトイレ掃除や草むしりをさせる
●上司が部下に自分の引越しの手伝いをさせる

これらの行為は、明らかに業務上の必要性があるとは思えません。

また、回数や行為者の数、態様が許容範囲を超える行為とは次のようなケースでしょう。

●教育と称して数カ月間にわたり毎日反省文だけ書かせる
●指導と称して長時間立たせたまま叱責する
●その職場の仲間全員からさらし者のように叱責される

たとえば、仕事上のミスに対して、ときには上司も「バカヤロー」などと口汚い発言をしてしまうかもしれませんが、それ1回だけではパワハラと断定するのは難しいでしょう。

しかし、毎日のように「おまえはバカだ」「使えないヤツだ」と言い続ければ、言われている側は気持ちが萎縮し、やがては精神的なダメージを受ける可能性が高くなります。また、いったんこのような固定化された力関係ができてしまうと、さらにエスカレートし、問題が深刻化していきます。厳しい叱責もときには必要ですが、何度も執拗《しつよう》に繰り返したり、複数の行為者から受けているような場合は問題です。

(3)「精神的・身体的苦痛を与える又は職場環境を悪化させる行為」とは

精神的、身体的に圧力を加えられて負担と感じたり、働く上で看過できない支障が生じたりするような行為を指します。たとえば次のような行為です。

- 暴力により傷害を負わせる
- 著しい暴言を吐くなどにより人格を否定する
- 大声で怒鳴ったり執拗に叱責するなど、恐怖を与える
- 長期にわたる無視
- 能力に見合わない仕事の付与により就業意欲を低下させる

パワハラを受け続けることによって、被害者はさまざまな不利益をこうむることになります。「胃が痛くなる」「頭痛がひどくなった」などの体の不調だけでなく、「眠れない」「食欲がなく体重が落ちた」「職場に行くのが怖い」など、心身への影響は深刻です。

また、大声で怒鳴り続けられれば、おびえて仕事がしづらくなりますし、情報を与えられなくなれば仕事が滞り、目標達成も困難になるでしょう。結果的に心身の病気になったり、職場を去らざるをえなくなったりすることもあります。

ほかにも、本来の仕事であっても、ほかの人とくらべてはるかに多い仕事量や高い目標を

設定する、あるいはまったく仕事を与えないなどの業務量の不適切な配分を行う、客観的に見て仕事上、必要のない命令や教育指導を行う場合などもあります。

そして、家柄や生い立ち、性別、容姿、学歴などのように、本人がどうすることもできないことを非難したり、変えられないことをからかったり笑いものにしたりすることは、その指摘自体が「指導や教育」という意味を持ちえず、人格を傷つける行為になります。

また、仕事上のミスを本人をバカにするようなニュアンスで周囲に伝えたり、本人が気にしていることを人前で面白おかしく話して笑いものにしたりすれば、それは人格と尊厳を傷つける行為です。さらに「おまえはいらない。辞めてくれ」などの存在そのものの否定や無視も、パワハラになります。

優秀な部下に自分の地位を脅かされる不安や、上司自身の劣等感から、特定の部下を攻撃して追い出そうとしたり、相手を退職に追い込むために組織ぐるみで意図的にパワハラを仕掛けたりしている場合もあります。そのような職場では、被害を受けている人のみならず、周囲の人も不快な思いをしており、生産性も落ちてしまいます。

このように、パワハラを職場の問題として取り上げていくためには、パワハラと思われる言動の結果、被害者がどのような不利益をこうむったかが一つの判断要素となります。

3 データで見る実態と影響力

実際に、職場ではどんな言動がパワハラだと認識されているのでしょうか。私たちは、働く人々がどのような言動をパワハラと感じ、またどの程度、職場にパワハラがあるのか、そしてそのような影響があるかなどについて、2007年に大手金融サービス企業に調査協力を依頼して、実態調査を行いました。

この調査では、パワハラの実態を調べるために、

①どんな言動をパワハラとして認識するか
②パワハラに当たる言動を自分が受けたことがあるか
③パワハラに当たる言動が現在の職場に存在するか

について質問しました。

あわせて、パワハラに該当する言動をどのように感じているかについて質問しました。また、仕事や職場の状況について、安心して働けているかどうかなどのチェックも行いました。

(1) パワハラと感じる言動のタイプと受け取り方

①パワハラと感じる言動

どのような言動がパワハラと感じるのかについては、分析の結果、大きく分けて五つのグループができました。

第一グループ：能力否定

●「あほ、バカ、出来が悪い」などとバカにされること
●ミスや成績不良を、みなの前で大声で叱られるようなこと
●ミスや成績不良を、ねちねちと叱られるようなこと
●嫌味を言われること

これらの言動を受けると、能力を否定されたと感じて自信を失ってしまいます。

第二グループ：無視

●自分だけが情報を与えられないこと
●仕事を与えられない、または具体的な指示がされないこと
●あいさつしない、口をきかないなど無視されること

これらの行為は、自分の存在そのものを否定されたと感じます。

第三グループ：脅迫

●机をたたく、書類を投げるなど脅されるようなこと

●「辞めろ、おまえはいらない」などと退職をうながすようなこと

●「言うことをきかないなら……」などと、暗に脅かすようなこと

●胸ぐらをつかむ、こづく、けとばされるようなこと

これらの言動があれば、部下は萎縮して十分な能力を発揮できません。

第四グループ：個の侵害

●歳や性別などで差別的な言葉や扱いをされること

●学歴や容姿などを取り上げて笑いものにされること

●私生活に干渉されること

●宴会や旅行への参加を強要されること

●使い走りなど上司の私用をさせられること

これらは、「人として自分が大切にされていない」という不快感につながる言動です。

第五グループ：権利否認

●少しの休憩時間も取れないこと

●休暇や早退などの制度利用を許可してくれないこと
●仕事をこなすために必要な教育を受けられないこと
このように、働く者の権利を認めない行為は、それを認めなかった正当な理由がない限り問題です。

②パワハラ言動をどのように感じるのか
それらの言動を受けた場合の心身への悪影響ついて、実態調査の結果を分析すると大きく三つに分類されました。

〈圧迫感〉
●イライラやあせりの気持ちがある
●精神的につらく、苦しい
●上司や周りからのプレッシャーがある
●職場にいるとストレスを感じる　など

〈虚無感〉
●仕事にやりがいがない

●仕事を辞めたい
●自分は無力、無価値だと感じる　など

〈不当感〉
●正しく評価されていない
●能力を発揮する機会が十分に与えられていない
●自由に意見を言うことができない　など

これらの感情は、上司や行為者に対する怒りや不快感にもつながっています。

③職場の状況によって、パワハラ言動はどのように認識されるのか
仕事や職場について、現在どのような状況であるかを、次の二つの視点で考えました。

〈支援関係がある関係かどうか〉
●安心して働ける雰囲気がある
●自分のことはよく理解されている
●失敗や弱点を率直に話すことができる

●困ったときに相談するなど信頼できる人がいる

これらの支援関係がある環境の職場は、自分の存在が容認され、お互いを支え合っています。たとえ上司から叱責されてもグチをこぼせるので、ダメージも少なくなります。

〈自己決定権があるか〉

●自分のペースで仕事ができる

●自分の仕事を計画し、コントロールできる

●目標が明確で合意の上で決定している

●自分たちのやるべきことと経営戦略・方針が合致している

これらの項目が当てはまる職場は、メンバーが組織目標を自ら合意し、一人ひとりが主体的に仕事をしている実感を持っている状態です。上司の厳しい指導も自分なりに咀嚼《そしゃく》して工夫し、再チャレンジしようという意欲がわいてきます。

⑵だれがパワハラを感じやすいのか

調査の結果は以下のようになりました。

①女性のほうがパワハラと感じやすい

「自分の職場にパワハラがあるかどうか」というパワハラの認知については、すべてのグループについて、男性よりも女性の認知度が高く、同じ言動でも女性のほうがパワハラと感じやすい傾向があることがわかりました。中でも、「脅迫」や「個の侵害」に当たる行為をパワハラだと強く認識しています。

②男性や管理職はパワハラを受けた経験が多い

パワハラを受けた経験については、女性にくらべて男性が高い結果となっています。特に、「能力否定」に当たる言動は男性の40%が、「脅迫」に当たる言動は男性の33%が経験しており、女性の能力否定18%、脅迫11%にくらべて大きな差があります。

同様の傾向が管理職にも見られます。つまり、女性は男性よりも、もろもろの言動をパワハラと感じやすいのですが、実際にパワハラにあった経験は少ないということがわかります。

図表 2-2　パワハラ認知と経験

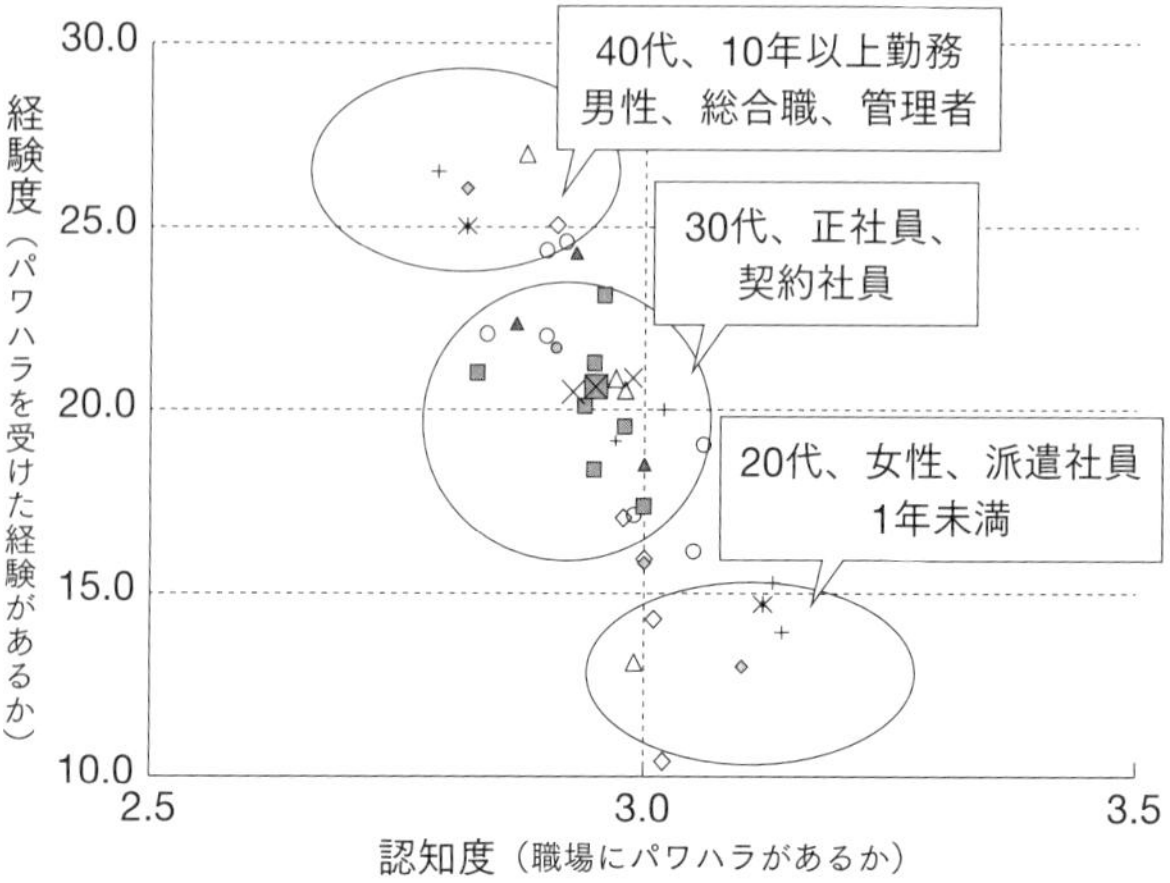

［出所］㈱クオレ・シー・キューブ調べ（2007年）

③パワハラのある職場は周囲にも悪影響がある

パワハラによる心身への影響との相関を見ると、パワハラの認知・経験と影響度との相関は低いものでしたが、パワハラの存在と影響度との相関は高いことがわかりました。

これは、パワハラをたとえ自分自身が経験していなくても、職場にパワハラが存在すること自体で、職場には何らかの悪影響があるということを示しています。パワハラ問題を個人間の問題としてとらえるばかりでなく、「組織に悪影響を与える問題」としてとらえることが必要だということを示しています。

④支援と自己決定感

同様に職場状況を示す「支援」と「自己決定感」について、パワハラ経験や存在の有無との関連性を分析してみました。

まず、支援と職場パワハラの存在の関係について、能力否定というパワハラは「ない」と回答したグループでは、職場に支援関係が「ある」と認識しています。

また、自己決定感についても同様の傾向があり、職場に「パワハラあり」と回答した人は、それぞれ「自己決定感を持って仕事をしている」という回答が低く、反対に「パワハラなし」と回答した人では、自己決定感を持って仕事しているという回答が高い、という結果になりました。

(3) 周囲へも悪影響を与える

これらの調査結果から、過去にパワハラの経験があろうとなかろうと、パワハラが存在する職場では、部下が圧迫感や虚無感、不当感を覚えていることがわかります。また、大声で怒鳴ったり、人格攻撃を受けたりすることは、女性へのダメージがより大きく、自分自身が被害を受けていなくても、周りの人が怒鳴られたりするだけで心理的に悪影響を受けやすい

図表 2-3　パワハラのない職場づくりのヒント

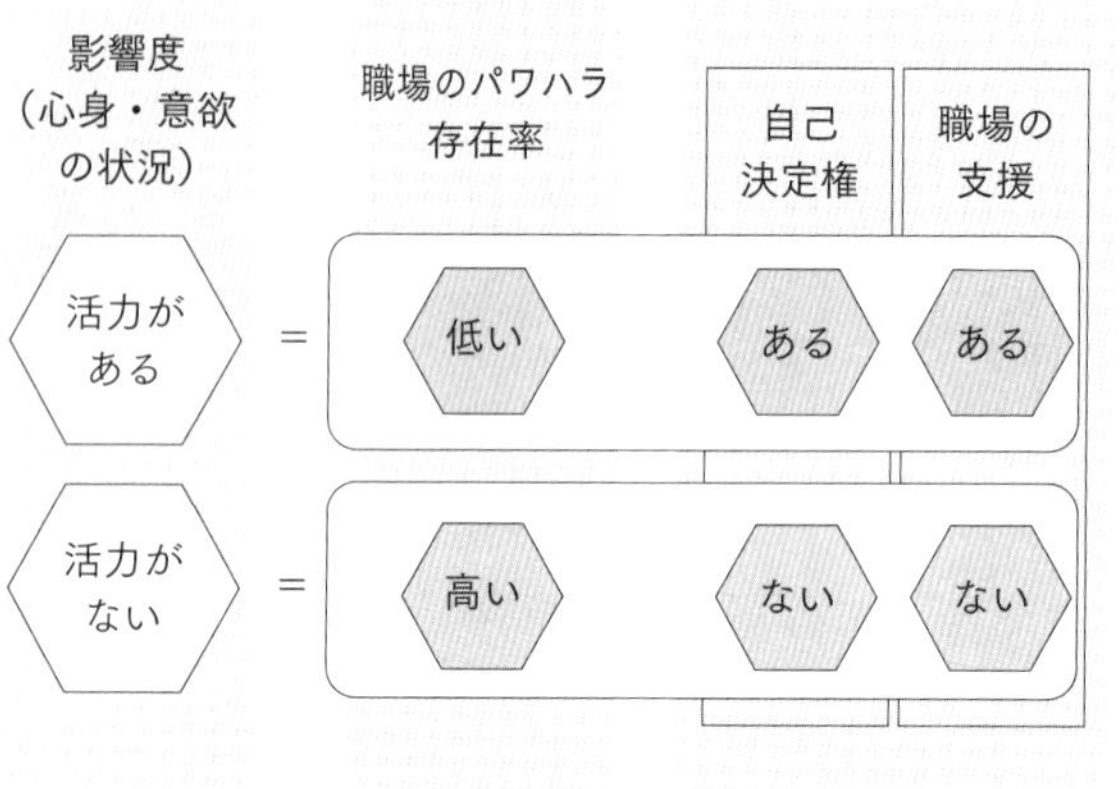

［出所］㈱クオレ・シー・キューブ資料

と言えます。

一方で、そのような行為が職場であったとしても、「だれかに相談できる」など支援関係があったり、「自分の仕事を自分で進めている」といった自分の裁量で仕事をしている人は、パワハラの心身への悪影響を低く抑えることができます。

これらのことから、職場からパワハラをなくしていくためのヒントとして、一つは困ったときに相談できるような信頼関係や、失敗や弱点を率直に話すことができるような組織内の「相互支援関係を強化していく」ことがあげられます。

二つ目には、部下への仕事の与え方について、上司との間で目標を明確にして合意の上で決定したり、部下自身に仕事を計画・コントロールさせて、部下に「自己決定感」を持たせるようにすることも重要だと言えます。

4 職場で問題がどう進行するのか

さまざまな原因や個人的な要因がからみ合って発生するパワハラですが、その問題の進行はどれも非常に似通っています。パワハラがどういうものか、どうすればパワハラをしないですむかということを考えるために、パワハラが深刻化するプロセスについて、事例をもとに考えていきます。

(1) ケーススタディ：上司の叱責を苦にうつ病になって退職

Aさん（42歳・男性）は、ある会社の営業部の課長だ。部下のBさん（26歳・男性）は中途入社1年目の社員だが、おとなしい性格のせいか営業活動に積極性が見られず、成績も課内で最低クラス。アポイントを取り、顧客を回らなければ仕事にならないはずなのに、オフィスで資料作成ばかりをしているので、先日も注意をしたばかりだった。

Aさんは、Bさんに「今週は10件アポを取れと指示をしたが、現状はどうなっている？」と聞いたところ、Bさんからは「すみません、3件しか取れていません」という言葉が返ってきた。

「ばかやろう！」と怒鳴りたいのをぐっとこらえて、「その理由はどうしてだ？」と聞いたところ、「電話をしているのですが、先方が会議や外出でつかまらなくて……、すみません」と消えそうな声で言うばかり。そこでAさんは、「とにかく電話をかけてアポイントを取ること」「何度でもつかまるまで電話すること」「書類作成はていねいにしなくてもかまわないこと」を、Bさんに指示した。

その翌日、AさんがBさんの様子を見てみると、PCに向かって書類を作成している。やっとアポイントの目標を達成して書類を作成しているのだと思い、Bさんに確認してみると、「いや……、その、何度も電話をかけてお客様に嫌われてもまずいと思って……すみません」という返事だ。Aさんが「アポは何件くらい取れたんだ？」と聞くと「昨日から1件も取れていません。すみません」と言う。

そこで、今度はBさんを会議室に呼び、なぜアポイントを取ることが必要なのか、Bさんの成績では評価が最低になってしまうこと、がんばってほしいと思っていることなどを、1

時間かけて話して聞かせた。

翌週の全体ミーティングでのことだ。課員全員で先週の訪問数と成果を発表していた。その中でBさんは消え入りそうな声で、「訪問数は4件、成約はゼロ件でした」と報告したのだ。それを聞いたAさんは、全体ミーティングということも忘れて、Bさんに対して「あれほどアドバイスしたのに、おまえは何をやっていたんだ！　目標を達成できないヤツはこのチームには不要だ！」と怒鳴ってしまった。

AさんのBさんへの態度が明らかに変わったのも、その日からだった。Bさんにはあいさつがあっても返さない、本来Bさんにやらせるべき仕事をほかの社員にさせる、Bさんが質問をしにAさんのところに行っても、「忙しいから後にしてくれ」と言ってとりあわない、などの行動をとるようになる。

また、聞こえよがしに「無能なヤツはうちの部署には不要だ」「業務命令に従わないヤツは辞めてもらって結構」と発言することもあった。

Bさんも1週間ほどはAさんに話しかけようとしていたが、その後はそれもあきらめた様子で、大事な会議に遅刻したり、気分が悪いと早退をしたりするようになる。ある日、体調が悪いので休むとの連絡があったきり、会社に出勤しなくなってしまった。

人事部がBさんに確認を取ると、主治医からうつ病と診断され、少なくとも3カ月は自宅療養をしなければならないという申し出があり、休職することになった。しかし、Bさんは中途入社だったため、就業規則上の休職期間が短く、そのまま職場復帰することができず、結果的に退職することになってしまった。

後日、Bさんから会社に対して、「うつ病になったのは会社の責任だとして労災を申請したいと思うので、必要書類をそろえてほしい」という連絡が来た。現在、会社はその対応に悩んでいる。

(2) 指導がパワハラへとエスカレートする

パワハラは、特別な人が起こす特別な問題ではありません。この事例のように、仕事熱心で部下の教育にも積極的にかかわろうとする人が、結果的にパワハラをしてしまうことが多いのです。

図表2―4に沿って段階を追って見ていくと、パワハラの第1段階は、ちょっとした仕事上のミスをきっかけに始まります。ただし、この段階の注意や指摘は、日常的に業務をしていれば起こることであり、パワハラとは言えません。指摘を受けた側にも改善点がある場合

図表2-4　パワハラが深刻化するステップ

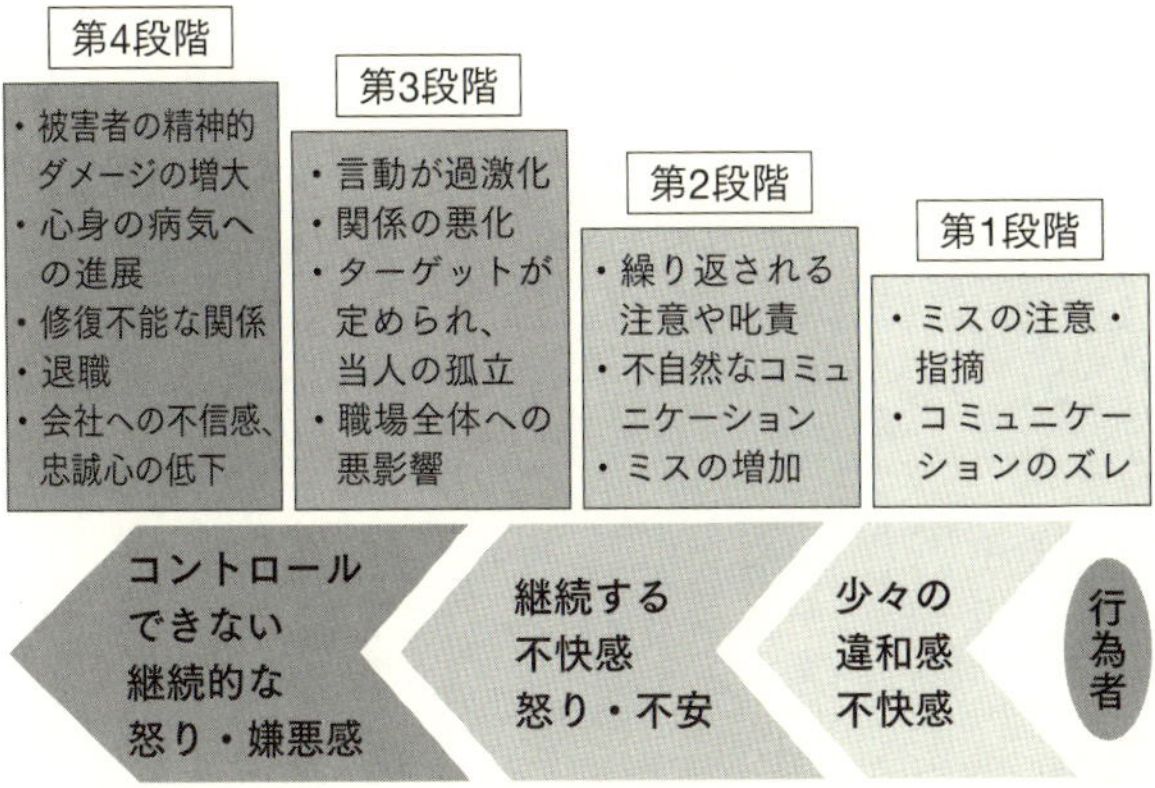

［出所］㈱クオレ・シー・キューブ資料

が多く、きちんと理由や改善方法を説明すれば、受け入れられることが多いでしょう。加害者も、この段階ではていねいに、熱心に指導しています。

この指摘や注意が、パワハラへと大きく足を踏み出すのが第2段階です。叱責の内容がエスカレートし、「おまえの態度がなってないからだ」「性格が悪い」と、だんだん業務上の注意の範疇《はんちゅう》を超えた内容になっていきます。

事例のAさんも、注意するごとに言動がエスカレートし、「あれほどアドバイスしたのに、おまえは何をやっていたんだ！　目標を達成できないヤツはこのチームには不要だ！」と存在を否定する発言をしてしまいました。

Aさんとしては、熱心に指導したにもかかわらず成果が出ないことで、イライラが爆発してしまったのでしょう。しかし、これは客観的に見て、業務上必要な言動とは言えません。このように存在を否定されるようなことを上司から言われれば、むしろ仕事への自信も意欲も失ってしまいます。

そのため、仕事に必要なホウレンソウ（報告・連絡・相談）すらも萎縮してできなくなっていきます。そんな部下を見て、上司の怒りはますますヒートアップしていきます。

第3段階になると、仕事ができないヤツというレッテルを張り、職場にいられない状況をつくり出します。Aさんも「無能なヤツはうちの部署には不要だ」「業務命令に従わないヤツは辞めてもらって結構」などと、Bさんのことをあてこすった発言をしています。

この段階では、部下への怒りや嫌悪感が募ってしまい、上司としても「こんなことは言ってはいけない」と頭のどこかで考えたとしても、感情をコントロールできません。このような状況で、Bさんは職場の中で孤立し、心の傷をますます深めていきます。多くの場合、こういった言動が繰り返されることで、被害者が精神障害を発症したり、心身症にかかったりということにつながっていきます。

そんな状況が続くと、最終的には被害者の精神障害などが悪化し、休職や、場合によっては退職しなければならない状況に追い込まれてしまうのです。これがパワハラの第4段階です。

　このケースは、今後、会社の人事部が健康管理スタッフや弁護士などと共同して問題解決にあたっていくことになると考えられますが、双方納得した問題解決は難しいと言わざるをえません。

「つい、感情が抑えきれなくて」「よかれと思って言ったのに」「そんなつもりはなかった」というのが、Aさんの正直な気持ちだと思います。しかし、その指導がきちんと伝わらず、Bさんをうつ病にまで追い込んでしまったとしたら、その「つい」してしまったことの代償は、かなり高くつくことになってしまいます。

　許される注意・叱責と、パワハラの境界線を意識した部下指導が、ますます求められています。この点は、第4章、第5章で詳しく解説します。

5　パワハラを起こしてしまう理由

(1)　加害者の気持ちを考える

　では、パワハラはなぜ起きるのでしょうか。今まで述べてきたように、その原因はさまざまです。そもそも加害者と被害者、おのおのに性格特性や価値観の相違がありますが、それがかみ合わない場合、そして、パワハラを引き起こしてしまう環境に問題がある場合があります。

ここではパワハラをしてしまう人の立場に立ち、パワハラは「コントロールできなくなった否定的感情が生み出すものだ」という側面から考えていきます。否定的感情とは、怒り、不安、嫌悪感、劣等感、焦燥感が主です。

では、その感情がどうして起きるのか、分析してみたいと思います。例をあげますので、いっしょに考えてみましょう。

あるメーカーの地方営業所でのケースです。

その営業所は、所長と男性の営業員の5人ほどの小さなところだ。所長は、部下の指導も含めて、何でも自分でやらなければならない。

このところ営業所の成績が思わしくなく、どうも所長はあせっているようだ。最近、以前からあまり成績をあげていないDさんがターゲットになっている。Dさんは仕事が遅く、所長が何度か指導をするものの、いっこうに効率が良くならず、目標を立ててもクリアできないという状況が続いていた。

所長が指導を始めるとだんだんと声が大きくなっていくが、Dさんはますます何も言えずに小さくなっている。せまい営業所なので、見ようとしなくても見えてしまうし、聞こえてきてしまう。所長からは具体的な指導はなく、「そのくらいはできて当たり前だろう。気合いが足りないからだ。気合いを入れろ」くらいしか言っていない。

最近では、所長のイライラがさらに募り、「おまえはみなの足手まといだ」と大声で怒鳴ったり、帰社が遅くなると「あいつ、どっかでさぼっているんじゃないか」「あんなヤツはいらないな」などと、みなに聞こえるように言う。Dさんが所長に何か聞いても無視して、いつも不快な顔をしていた。

(2) パワハラに発展するメカニズム

このような状況について、所長が指導をしている場面を切り取って、所長自身に起きていることを分析してみましょう。それを表すと図表2－5のようになります。

部下の成績が上がらないのには、さまざまな理由があるはずです。この所長の頭の中に思い浮かぶ言葉は、「気合いが足りん」「男のくせにだらしない」だけだとします。たいていの

図表 2-5　パワハラが起きるメカニズムと行動変容のヒント

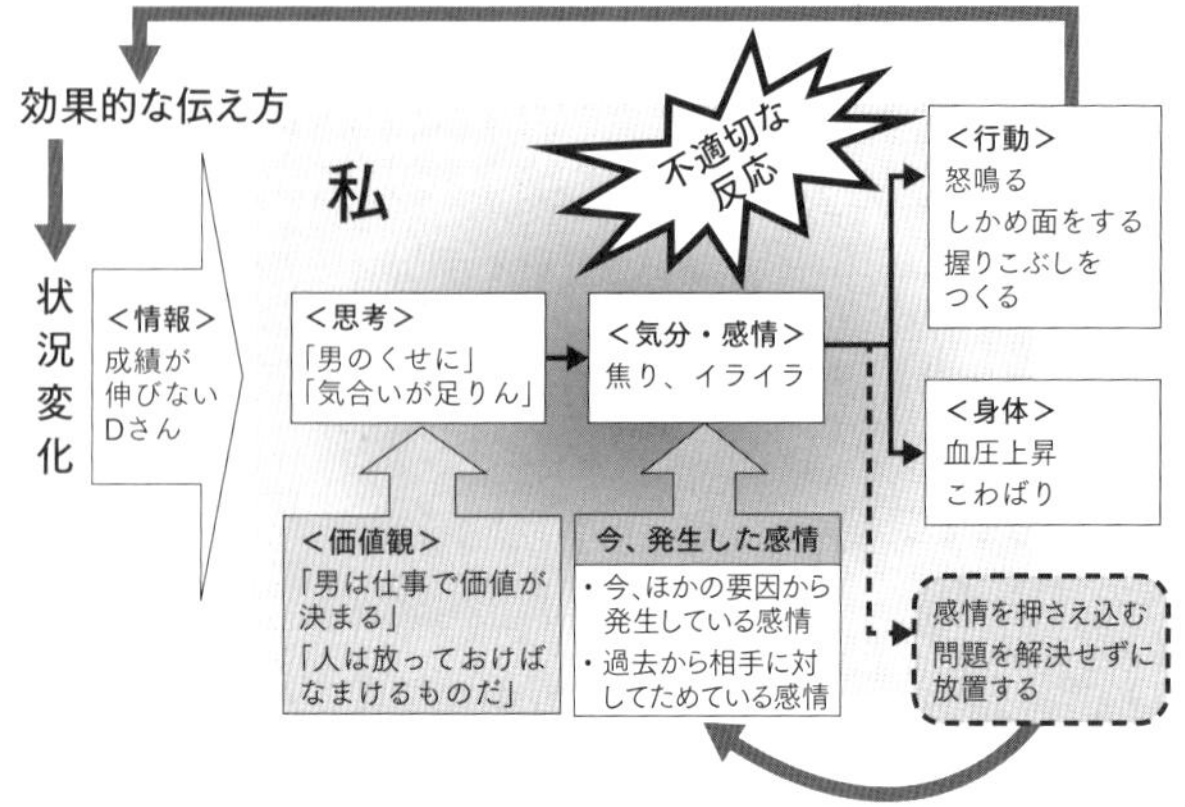

［出所］㈱クオレ・シー・キューブ資料

場合、本人は無意識なのですが、そのとき「焦りやイライラ」を感じています。

それが、「気合が足りん」という言葉を発し、怒鳴ったり、しかめ面をしたり、握りこぶしをつくったりという表現になっています。体の中では血圧が上昇しています。怒りの感情が高まっているにもかかわらず発散していないので、感情はため込まれます。すると、少しの刺激でも怒りが爆発して、感情がコントロール不能になってくるのです。

この状態をつくり出しているのは、外部情報、つまり部下の成績が悪いということに対する所長のとらえ方です。

所長は部下の成績が悪いという情報に対して、気合いが足りない、男のくせにだらしないと受け止めています。しかし、この部下の問題は「気合いが足りない」だけではなさそうです。

気合いが足りなかったり、なまけたりしているわけではなく、知識やスキルが足りないのかもしれません。お客様との信頼関係を重視して、じっくり成果をあげるタイプなのかもしれません。また、何か健康状態に問題があるなどという場合もあります。原因は、「成績が上がらない＝気合が足りない、なまけている」ばかりではないのです。

では、どうしてこのように「気合が足りない、なまけている」とだけ思い込むのでしょうか。それは、人それぞれの考え方、価値観が影響していると考えられます。この所長は「人は放っておけばなまけるものだ」、あるいは「男は仕事で価値が決まる」という考え方を根底に持っているようです。

このような考え方は、自分が大切な価値観として守ってきたものだったり、親や先生から言われて、知らず知らずのうちに身についている考え方です。一般的には、物事は完璧に進めなければならない、努力をしなければならない、常に人には感じよくしなければならないなどという「価値観」を、目上の人から受け継いでいるもので、それを教訓として、自分としては結構役立ってきたかもしれません。しかし、変化の激しい多様な時代に必ずしも適合していることは限りません。

これらの考え方を強く持っていたりこだわったりしていると、外部からの情報に対してワンパターンの反応をしてしまう可能性があります。つまり、「成績が悪いのは、気合いが足りないからだ。そもそも人は放っておけばなまけるものだ。それはけしからんことだ」と自動的に関連づけて、「だから教育をしよう」と、自分の考えを押しつけていきます。

それが結果的に良いほうに動けばいいのですが、部下の行動が変わらないとなると、だんだんと焦り、イライラが高じて怒りになっていきます。また、それが適切に表現できずため込むことで、ますます状況にそぐわない不適切な反応をしていきます。これが、だんだんと深刻なパワハラへと発展していくのです。

6 パワハラの起きやすい職場環境

パワハラをしてしまう心理について見てきましたが、職場環境が影響を与えることはないのでしょうか。私たちが相談活動で得た情報や、データから見えてきた「パワハラが起きやすい状況や職場環境」を説明したいと思います。

(1) 閉鎖的な職場

まず一つには、閉鎖的な職場があげられます。たとえば、営業や保守点検などで外回りをする人たちの車の中、他部門との交流が少ないオフィスや営業所、研究所やコールセンターなどでは、外部からの力が及びにくくなります。その結果、上司に権限が集中する状況が発生してきます。

そうなると、自分の意志どおりに仕事が進まないと気分を害する、というような上司の感情が職場を支配するようになり、かつだれも注意しないという状況が生まれ、パワハラ言動が平然と行われる職場環境になってしまいます。

また、外部との人間関係や人的交流が少ない職場では、いったん当事者同士の関係がこじれると修復は困難で、人間関係がますます悪化することになります。これは、心理的な閉塞状況にある職場の場合も同様です。職場内で、特定の固定化したメンバーだけで仕事が完結するような場合や、女性だけ、男性だけの世界ができあがってしまうような場合です。

営業所などでは、本社から異動でやってきてコロコロ変わる所長より、何十年もその職場を仕切ってきたベテラン社員が一番強い権力を持っている場合もあります。外部から干渉されず、小さな社会で固定化した人間関係ができあがってしまうと、固定的な力関係が、時間がたつにつれてより強化されます。そして、パワハラが発生しやすい環境ができあがってきます。

そうした職場は一見何の問題もないように見えることがあり、内部から声をあげても、これまでつくり上げられた「ある意味、効果的な組織運営スタイル」を変えることに非常に労力がかかるため、放置されてしまうことがあります。日ごろから仕事内容の報告をさせる、ときどきはその中の人間関係にも立ち入ってみるなどして、固定化された力（パワー）のバランスを壊していくことが、パワハラの発生を防ぐために重要です。

(2) 忙しすぎる職場、暇すぎる職場

二つ目は、忙しすぎる職場です。現在の職場は人員が減らされ、これまでの仕事の2倍、3倍の業務量を抱えているところも少なくありません。忙しさが売り上げや業績アップにつながれば不満は出ないのですが、成果になかなかつながらない状況であれば、当然そこで働く人はストレスを感じることでしょう。そのストレスを、部下を叱りつけたり、イスをけとばしたりするなどの形で発散させているケースも多く見られます。

また、忙しい職場では、自らが仕事をこなすことに精一杯で、部下や同僚の気持ちに配慮

する余裕がありません。相手がどう感じるかを考えず、厳しい言葉や否定的な発言をしてしまいかねません。

逆に暇すぎる職場でも、パワハラは起きるものです。仕事自体が暇だったり、マンネリ化した仕事を続けたりしていると、上司の興味や関心はより細かいことに向けられ、些細なミスも逃さず指摘したり、部下のあら探しに終始したりするようになってしまいます。このパターンは、上司と部下だけでなく同僚同士でも行われ、やがて態度や性格まで気になりだして、攻撃したり排除したりと、だんだんエスカレートしていきます。

いずれにせよ、仕事の量や配分が適切かどうかが非常に大事です。仕事量の適切な配分というのは非常に難しい問題ですが、このアンバランスがハラスメントを起こす要因の一つになります。

(3) 人や仕事のマネジメントが徹底されていない職場

仕事の手順や役割がきちんとしていないためにトラブルが起き、そのトラブルの責任を追及され、無能扱いされるというハラスメントが起こることがあります。部下に仕事を指示したが、なかなか納期までに仕上がらず、イライラが募ったあげくに爆発してしまった――などという状況に心当たりはないでしょうか。

期限までに仕上げてこなかったのであれば、部下に問題がある場合も多いでしょう。しかし、ここで考えてほしいのは、きちんとした指示・命令が行われていたかどうかです。自分は指示したつもりでも、部下がわかっていなければ、指示したことにはなりません。復唱させる、部下同士でお互いの役割を確認し合うように仕向けることなども大切です。

また、複数の上司から違う指示が出されたため、問題が発生することもあります。指示命令系統を明確にするとともに、上司間での意見のすり合わせも必要です。厳しく叱責する前に、自分のマネジメントがどうだったかを振り返る必要があります。

さらに、組織のルールや雇用管理が明確でない場合、処遇や教育方針がコロコロ変わったりすることが、パワハラと受け止められることもあります。職場のルールは上司の裁量一つで決まるので、そこで働く人は上司の都合や感情に振り回されて、常に不安な状態に置かれます。「どう動いたらいいかわからず、自分の判断で動いたら厳しく叱責された」「何をしても文句を言われる」などという発言がパワハラ被害者からよく聞かれます。

部下が不安な状況をつくり出さないことが、パワハラを発生させないポイントです。

このように、パワハラは一部のキレやすい上司や、だれかを攻撃・排除しようという意図を持つ者だけが行うことではありません。職場環境によっては、ごく普通の人が特別な意図なしに、いつの間にかパワハラをしてしまうということがしばしばあるのです。

職場の環境や仕事のやり方を、今一度見直してみてはいかがでしょうか。

第3章

職場で起こるさまざまなハラスメント

1 「〇〇ハラスメント」を整理する

職場で起こるハラスメントは、パワハラだけではありません。セクシュアルハラスメント、モラルハラスメント、マタニティ（パタニティ）ハラスメント、ジェンダーハラスメント、ケアハラスメントなども耳にするようになりました。

ここでは、職場で起こるさまざまなハラスメントについて整理してみたいと思います。

(1) セクシュアルハラスメント――世界的なムーブメントとなった#MeToo

①企業には対策の義務がある

セクシュアルハラスメント（以下セクハラ）は性的嫌がらせ・性的脅かしのことを言い、「職場において行われる、労働者の意に反する性的な言動に対する労働者の対応により、労働条件について不利益を受けたり、性的な言動により就業環境が害されたりすること」と定義されます。

1999年の男女雇用機会均等法改正により、事業主にセクハラ防止の配慮義務が課され、さらに2007年には措置義務化されたことで、事業主はセクハラ防止を就業規則に規定し、それをパンフレットや研修などで周知し、相談窓口を設置しなければならなくなりました。

また、2007年の改正では、保護の対象を女性のみならず男性も含むことになりました。労働局へのセクハラ相談では、男性からの相談が10％ほど存在します。「男だから女の子のいる店くらい行けるようになれ」と、接待と称して風俗店に連れていかれたり、「夫婦関係はどうなんだ?」などプライベートな話をするように強要されたりするなどの行為を不快に思う男性も多く存在します。

また、2017年1月より、LGBT（性的マイノリティの総称）への揶揄《やゆ》や嘲笑、侮辱行為もセクハラの措置義務対象となりました。「ゲイは気持ちが悪い」「同性愛なんて異常だ」「女性なのにスカートはかないんだね」など、典型的な男女の枠組みに当てはまらない性のあり方を否定したり排除したりする言動は問題です。

性別を問わず、職場に性的な言動を持ち込む必要性はまったくありません。しかし、その点を従業員がしっかり理解していないと、不用意な発言でだれかを傷つけたり、不快な思いをさせたりすることになります。法律で事業主の対応がしっかりと定められていますから、その義務を果たしていなかった場合の責任は重いものとなります。

たとえば、セクハラ被害について上司に相談したら、「あなたにも問題があったんでしょう？　当事者同士で話し合ってよ」と個人の問題として処理してしまうケースがよくあります。こうした上司や会社の対応は「二次ハラスメント」（被害者が二重に傷ついてしまうこと）と呼ばれ、セクハラ被害が一向になくならない原因なのです。

セクハラ問題は行為者が責任を負うべき問題であって、被害者は守られる権利があります。しかし、「被害者も悪い」という風潮が残っていると、深刻な被害を受けても「どうせ解決しない」「自分が責められるだけだから」と我慢してしまい、セクハラ被害が埋没してしまうのです。

管理者には、自分がセクハラの加害者にならないように気をつけるだけでなく、セクハラが起きないような職場環境をつくる責任があります。また、会社や上司に相談したにもかかわらず、被害者に非があったかのような言い方でさらに本人を傷つけるようなことがあれば、会社の責任は免れません。

②強化されたセクハラ被害の認定

２０１1年には、セクハラ被害を受けた人に対する労災認定基準の見直しも行われました。かつては、被害者がセクハラ被害を他者に知られたくなかったり、加害者がセクハラ行為を否定して事実認定が難しかったりしたことから、セクハラ被害者が労災請求そのものをあきらめる、あるいは労働基準監督署における事実関係の調査が困難で認定に至らないといったケースがありました。

そのため、セクハラの労災認定基準を見直し、抑圧されたわいせつ行為等はその行為があっただけでも労災認定し、また、継続的な身体接触や人格否定を含むセクハラ行為があった場合は労災認定されやすくなっています。そのため、セクハラによる労災認定も徐々に増加傾向にあります（図表1－4参照）。

ところが、このようなセクハラ防止活動が水泡に帰すような事件が起こりました。２０１7年10月、世界的に巻き起こった性犯罪やセクハラに抗議するアクション「#MeToo」により、深刻なセクハラがいまだに職場に存在することが明らかになったのです。きっかけはハリウッドの著名プロデューサーによる長年にわたるレイプやセクハラ行為の告発でしたが、世界中に拡大し、日本でも性犯罪レベルのセクハラ問題が次々とSNSを通じて告発され、政財界のトップ層によるセクハラ問題も相次ぎました。また、それらの告発は深刻な二次ハラスメントをも引き起こし、被害者が二重に傷つけられる事態となっています。

「セクハラはダメ」ということはだれもが理解しているはずなのに、なぜ引き起こされてしまうのか。今一度、一人ひとりがセクハラ問題の撲滅に向けて真剣に考える必要があります。

(2) モラルハラスメント――パワハラと同じ意味

モラルハラスメント（以下モラハラ）とは、フランスの精神科医であるマリー＝フランス・イルゴイエンヌ氏が提唱した概念です。一言で表現するならば、「言葉や態度によって相手の心を傷つける精神的な暴力」ということになります。

精神的な暴力とは、心理的な攻撃が何度も繰り返されることにより、被害者の心身の健康に悪影響を与えることを指しています。モラハラの加害者の特徴を「自己愛的な変質者」であるとし、自分を守るために周りの人間を傷つけても罪悪感を持たなかったり、責任を他人に押しつけたりするなど、他者への攻撃性が見られます。

一方、被害者の特徴は、几帳面で責任感が強く、何かあると「自分が悪かったんじゃないか」と罪悪感を持ちやすいと説明しています。

また、イルゴイエンヌ氏が提唱するモラハラの範囲は幅広く、職場にとどまらず、家庭なども含めたあらゆる日常生活にひそんでいる、としています。イルゴイエンヌ氏は精神科医としてこの問題に早くから取り組み、時に被害者を自殺にまで追い込むこれらの精神的暴力は、肉体的な暴力よりも深刻であり、犯罪行為であると述べています。

この言葉が日本で急速に広まったのは、私たちがパワハラ問題を提唱した2001年ごろです。私たちが提唱したパワハラは、当時、定義の中に「職権などのパワーを背景に」という言葉を盛り込んだことから、「パワハラ＝職場の問題」という認識が広まりました。その結果、日本では一般的に「モラハラ＝DV（家庭内暴力）などの夫婦や家庭の問題」という理解が広がっているようです。

しかし、フランスでは2002年に、労働法の中にモラハラに関する条項が付け加えられています。その中には、「いかなる給与所得者も、勤労者の尊厳を傷つけ、屈辱的で劣悪な労働条件をつくる目的で行われる、あるいはその効果を持つモラルハラスメントの行為を、雇用者から、もしくは組織の代表者から、そのほか職務上権力を有して、その権力を濫用する人物から、繰り返し受けることがあってはならない」と記されています。

日本では、パワハラという文言にかかわる法律が存在しないことを考えると、職場のハラスメントへの対応は、フランスのほうが一歩進んでいると言えます。

ところで、パワハラとモラハラはどのような違いがあるのでしょうか。実は、2004年にイルゴイエンヌ氏と私たちが会談したときには、「職場に限定して考えると、ほとんど同じことを言っていますね」と合意しています。

まったく違う国で、違う言語や文化で育まれた二つの概念が、実は同じ問題を指摘しているというのは大変興味深いことです。世界中どこでも、働く人の人格や尊厳を傷つけるような言動は許されない行為です。

(3) マタニティ(パタニティ)ハラスメント――妊娠・出産や育児は女性だけの問題ではない

妊娠したことを上司に報告したところ「じゃあ仕事は続けられないな」と退職をうながされたり、育児時短を取得して働く人に対して、周囲の人が「私たちの仕事が増えて迷惑」などの嫌がらせを行ったりすることを、マタニティハラスメント（以下マタハラ）と言います。

マタハラに関する相談は、これまでもセクハラやパワハラといった訴えの中に含まれて存

図表3-1　雇用均等室に寄せられた労働者からの相談内容

	2013年度	2014年度	2015年度
募集・採用	206	196	136
配置・昇進等	235	246	214
間接差別	18	13	5
マタハラ等	2,090	2,251	2,650
セクハラ	6,138	7,343	6,827
母性健康管理	1,281	1,308	1,364
ポジティブアクション	18	38	7
その他	1,026	1,109	1,052
合計	11,057	12,504	12,255

［出所］平成27年度都道府県労働局雇用均等室での法施行状況（厚労省）

在していましたが、2013年の連合の調査をきっかけに、マタハラという言葉が一気に市民権を得ることになりました。それ以降、マタハラ関連の相談は急速に増えていることがわかります。

2017年1月からマタハラ防止が「男女雇用機会均等法」および「育児・介護休業法」にて防止のための措置義務が課されることになったのは、このような背景があります。

2014年10月23日に最高裁で下された〝いわゆるマタハラ最高裁判決〟では、「妊娠による体調不良が原因となる異動で管理職から降格させたのは、均等法第9条第3項の不利益取扱いに当たる」として、原告の逆転勝訴となりました。

妊娠中に起こるつわりなどの体調不良は、風邪などの体調不良とは異なりすぐには回復しません。例えば風邪をひいた場合、最初の1〜2日はつらくても徐々に回復します。ところが、一般的につわりは母親がどんなに体調管理をしても、ある時期（妊娠3〜4カ月ごろ）を乗り越えないと治まらないものです。1日24時間、ずっと吐き気に襲われる、横になっても立っていても気持ちが悪い状態が続くので、仕事をしようにも集中できません。

しかも、そのつわりの程度は人によっても異なります。第1子ではつわりがあったが第2子ではなかったなど、きょうだい間でも異なるためまったく予測がつきません。医師に聞いても「安静にしてください」と言われるばかり。切迫早産の危機で入院するケースなどもあり、妊娠時の体調不良はいつ回復して元気に働けるのか、本人にも医師にもわかりません。

このような妊娠時の女性従業員が抱える現状を、現場管理職や周囲のメンバーがよく理解せず「たびたび休むのは迷惑だ」などの言葉を向けたり、休みづらい雰囲気をつくったりすることが、マタハラに該当します。

そしてマタハラの裁判で最も注目されるのは、「管理職からの降格」です。出産後は元の仕事に戻れるにもかかわらず一般職のままでの復職になったことが、「妊娠時が終わっても管理職への復帰が予定されていない＝不利益取扱い」であるという判断が下された点は、私たちもしっかりと認識する必要があります。

一度管理職として昇格させた従業員を降格させることは、管理職として業務を遂行するために求められる要件を満たしていなければ当然ありえますが、その場合には事前にその根拠となる評価基準を定めていなければなりませんし、降格される本人にも「なぜ降格になるのか」について十分に説明し、納得してもらわなければなりません。このプロセスが明確でないと、今回のような裁判に発展してしまうでしょう。

2016年には女性活躍推進法が施行されたこともあり、女性管理職比率を増やすのが大命題になっている企業が増えていますが、その過程で明らかになってきた課題として、〝管理職が管理職たる必須要件〟について、基準はあるものの運用段階ではかなりあいまいになっている、という点があります。実力があっても「女性に管理職が務まるのだろうか……」という不安や、「育児中の女性に無理はさせられない」といった〝思い込み〟で女性を管理職として推薦するのをためらったりすることが、優秀な女性の活躍のチャンスを奪うことになっている可能性があるのです。

これでは女性活躍も絵に描いた餅になってしまいます。男女関係なく公平に昇進、昇格のチャンスを与えるよう、管理職としての評価基準を明確に定めて運用することが求められるでしょう。

そして現在は、母親だけでなく父親も育児参加する時代です。出産に立ち会ったり、休日に赤ちゃんを抱っこして出かけたりするお父さんの姿も珍しくありません。当然、育児休業は、男性も取得することが可能ですが、２０１６年の雇用均等基本調査によると、日本では男性の育児休業の取得率はわずか3・16％。諸外国に比べると極端に低い状況です。

その原因となっているのが、パタニティハラスメントです。「父親が育児休業などありえない」「キャリアに傷がつく」「育児で休むような奴はいらない」などと上司や経営者から言われ、実際に解雇されたケースも報告されています。

育児参加したい男性も多いなか、子育て参加を気兼ねなくできる職場のほうが、男性も働きやすいはずですが、このような現状があることは嘆かわしいことです。妊娠・出産、育児を女性だけの問題ととらえていると、男女問わずいつの間にか優秀な人材が他社に流出してしまいます。働き方改革が叫ばれるなか、ライフイベントに関連する不利益をなくす取り組みが急がれます。

(4) ジェンダーハラスメント――セクハラ、パワハラに発展も

社会的な背景や慣習からつくられてきた、固定的な男女の役割意識をもとに行われるハラ

スメントのことをジェンダーハラスメントと言います。たとえば、同じ職種で入社してきたのにもかかわらず、男性は将来の幹部候補生として最初からさまざまな教育研修を受け、責任ある仕事をまかされているのに、女性は男性の補助的な業務が中心の仕事で、女性だけが順番で昼休みの電話当番やお茶くみをしているというような一昔前の職場で行われるようなハラスメントです。

現在では多くの会社で「女性管理職を増やそう」という取り組みを進めていますが、そもそもそのような取り組みを行わなければならないのは、固定的な男女の役割意識が個人の価値観に深く根づいていることが影響しています。

たとえば、「女性は子どもを生むと退職したり育児休暇をとったりするから、管理職には向かない」と考えていれば、女性管理職の人数はいっこうに増えないでしょう。このような風土の組織で管理職をやりとげられる女性は、育児と仕事の両方を精力的にこなし、ときには子どもを実家にあずけてまで残業し、寝る間も惜しんで献身的に家族や会社のために尽くすことができる人です。しかし、そのような人材を探すのは容易なことではありません。

そして、「やっぱり女性には無理だ」「女性はかんたんな事務作業でいい」というレッテルを貼り続けることになります。その結果、女性の職務上の地位は上がらず、社内で軽い存在として扱われてしまいます。このような意識が、「君はいつもかわいいね」というような「女の子扱い」のセクハラ発言に発展していきます。

また、女性だけでなく、「男のくせに弱音を吐くんじゃない」「男なんだから死ぬ気でやれ」というようなパワハラ発言を受け、また本人も「男だから」という言葉にとらわれた結果、長時間労働による過労死や自殺という悲惨な結末を迎えることも珍しくありません。男性の50代の自殺率が高いのは、男性が背負っている「男らしさ」というジェンダー意識から来るものかもしれません。

このように、ジェンダーハラスメントは、セクハラやマタハラ、パワハラにも発展する可能性のあるハラスメントです。自分が当たり前のように思っている固定的な役割分担意識を、部下や同僚に押しつけたり強要したりすることがないように、個々のライフプランや価値観をお互いに認め合う風土をつくることが求められています。

(5) ケアハラスメント——介護離職は他人事ではない

ケアハラスメント（以下ケアハラ）とは、介護をしながら働いている人に対して、上司や同僚が「休業や時短勤務は迷惑だ」というような嫌がらせを行うことを指しています。

近年、介護が原因で仕事を辞める人が増加傾向にあり、企業でも大きな課題になっています。平成29年就業構造基本調査によると、2016年10月から2017年9月までの1年間に介護や看護を理由に離職した人の数は全国で約10万人にも達しています。

しかし、自分の親が健康であれば、介護についてはいまひとつ現実味がないという人も多いのではないでしょうか。時短勤務や休業制度にまつわる問題は、その制度が「育児・介護休業法」により定められていることから、同じような課題があると思われがちですが、実際には大きく異なる点があります。

まず、介護は〝ある日突然当事者になることが多い〟点です。妊娠から出産まではおおよそ10カ月程度で、業務の引き継ぎにも時間の余裕がありますが、介護の場合は急に親やパートナーが倒れて要介護になることもあるため、業務の引き継ぎ時間がありません。

また、育児休業については「あと数カ月で戻ってくる」という予測も可能です。しかし介護の場合はどうでしょうか。被介護者の状況によっても異なりますが、体調が回復するとは限らず、むしろもっと深刻な状況になることも予想されます。そのため「いつまでこの状態が続くのか」「とはいえ大切な親を放っておけない」など介護者の精神的な葛藤や苦しみが重なり、介護をしている人が倒れてしまったり退職を考えたりするケースが増えています。

これが、いま大きな問題になっている「介護離職」の実情です。親や家族の介護について会社に介護時短等の制度利用を申請していなければ、会社はサポートを行うことができません。実は、介護をしている人の休業や時短制度の利用を会社に申請している人は少なく、2013年発表の総務省調査によると、実に15・7％しか利用していないのです。

つまり、このような現状を抱える従業員が深刻な悩みを持ちながら働いていても、会社がまったく把握しておらず手が打てないというケースが、すでに存在していると言っても過言ではありません。

さらに、2017年10月にオリックスリビング株式会社が行った調査によると、40歳以上のなんと約8割が「介護休業制度についてよく知らない」と回答しています。介護者が急に体調を壊して休んだり、理由も言わず自己都合退職したりということになれば、会社や職場はいきなり大きな負担を強いられることになります。業務が滞り、取引先への影響や売り上げ減などの悪影響も避けられないでしょう。

そして、育児と大きく異なるのは、〝誰にとっても他人事ではない〟という点です。マタハラについては女性が主な当事者であるため他人事でいられた人も、自分やパートナーの親の介護を考えれば、いずれだれもがこの問題に直面することになります。そして、自分もいつかは被介護者になる可能性があります。「育児や介護のために長期で休むなんて迷惑だ……」と思わせるような組織風土のままでは、この現実に柔軟に対応できる可能性は低いと言わざるをえません。

管理職のみならず、従業員全員が「介護離職は他人事ではない、いつか自分も直面する」という危機感を持ち、どのようにすればよいかを理解する教育研修を行うことが、ケアハラ予防の第一歩となるでしょう。

2　職場で起こるハラスメントの共通点を理解する

このように、さまざまなハラスメントと言われる行為が存在しますが、発生する場所や関係性によって名前が違うだけで、多くの部分は共通しています。

(1)　NOと言えない力関係がある

どのハラスメントにも、NOと言わせない、言うことができない「力の差」が存在します。上司と部下、先輩と後輩、正社員と非正規社員などのように社会的な力の差が存在することから、仮にハラスメント行為に抗議すれば、仕事を失ったり、さらにその言動がエスカレートしたりする可能性があります。容易にはNOと言えないのです。

これは、どのハラスメントにも共通する項目です。また、日本には周囲に迷惑をかけるべきではない、という強い同調圧力が存在します。異論や反論を「空気を乱すもの」として忌み嫌う風潮が、NOと言えない風土をつくっていると言えるでしょう。

(2) 侮辱された感覚をともなう

ハラスメントを受けた人に共通する感覚があります。それは「侮辱された」という感覚です。ハラスメントで苦しんでいる人の話を聞くと、その言動によって「自分がペシャンコにされたような気持ち」「踏みつけられたような気分になった」と言います。言い換えれば、人としての尊厳を踏みにじられた気持ちになる、ということになります。

ハラスメントは、力の差を使って片方の口を封じ、発言させないばかりか、行動までコントロールしようとする行為です。ハラスメントと教育や指導の違いはここにあります。

「おまえは能なし」「この部署に存在する意味がない」「おまえにまかせられる仕事はない」「だからおまえはダメなんだ」などの発言には、「おまえを同じ職場で働く仲間として認めない」という暗黙のメッセージが込められています。

会社では、人と密接にかかわらなければ仕事が進みませんが、職場の仲間と認めてもらえなければ自分の存在する意味を見出せません。これが侮辱感として、ハラスメントを受けた人に深く突き刺さるのです。

(3) だれもが被害者にも加害者にもなる

ハラスメント防止研修をしていると「自分はパワハラやセクハラはしない」と自信を持って発言する人がときどきいます。これは大きな間違いです。

ハラスメントをしてしまうパワー（力）というのは、職位や経験年数によって発生するものです。言ってみればハラスメントを生むパワーの差というのは、当事者同士の相対的なものです。

そのため、部下にハラスメントを行っている課長は、場面が変われば部長にハラスメントを受ける可能性が出てきますし、ハラスメントを受けていた社員は、派遣社員にハラスメントをしてしまう可能性があります。最近では組織のフラット化が進んでいることもあり、先輩・後輩、上司・部下の立場が逆転して、部下からパワハラを受ける上司という構図も見られます。

このように、ハラスメントは、だれもが被害者にも加害者にもなる問題なのです。そのことを自覚していない人ほど、ハラスメントの加害者になってしまいます。

(4) エスカレートする

ハラスメントは、放置するとどんどんエスカレートしていくという特徴があります。パワハラでよくある例なのですが、はじめのうちは軽い服装や身だしなみに対する注意だったのが、注意される側のおどおどした態度にイライラが募り、最後には人格を否定する発言をするようになってしまうような場合です。セクハラも同様に、最初は単なる食事の誘いだったのに、次第にエスカレートして交際まで迫られて、我慢できなくなった被害者が相談に来るケースが後を絶ちません。

私どもは、企業などからの依頼を受けて、パワハラ防止の映像教材を製作したりするのですが、撮影の際に興味深い現象が起こります。役者さんにパワハラ上司役をお願いすると、最初は台本にあるパワハラ言動のひどさに尻込みをしているのですが、撮影が進むとだんだん役になりきって、そのうち立派なパワハラ上司になっていくのです。しまいには、台本にないような過激なパワハラ発言が飛び出します。

パワハラ上司役の役者さんに「そのとき、どんな気持ちでしたか？」と聞くと、「イライラした気持ちが盛り上がって、止められなくなった」というのです。

このように、内在された感情がいったん発散されると、感情がどんどんエスカレートしてコントロールできなくなります。撮影現場で起きたようなことが、職場でも頻繁に起こっているのではないでしょうか。

(5) 言語と非言語で行われる

ハラスメントは、言葉による暴力だけで行われるものではありません。実際には言葉を発せず、非言語で行われるハラスメントもたくさんあります。舌打ちやため息、イライラしたときに机をたたく、話を聞きながら顔をしかめるなどは、たとえ対等な関係にある者同士だとしても、そのメッセージを受ける人にとっては気持ちのいいものではありません。それが上司や先輩だとしたら、どのように感じるでしょうか。

私たちに寄せられる相談の中でも、「嫌味ったらしく聞こえる」「冷たい感じがする」など、単に言葉だけでは言い表せない感情を訴える被害者がいます。

たとえば、派遣社員が定時で帰ろうとすると、隣の女性社員が「いいわねぇ、いつも定時で帰れるなんて」と言ったとします。この場合、字面では「派遣社員はいい」というプラスのメッセージですが、実際には「私はあなたと違って、もっと大変なのよ」という裏のメッセージが込められています。

このようなやりとりを心理学の世界では「裏面交流」と言い、言葉とは異なるネガティブなメッセージをやりとりしているのです。これに嫌味ったらしいイントネーションや、にらみつけるような表情が加わると、被害者が受け取るメッセージはより重苦しいものとなります。

このように、ハラスメントは言語によるものと、言語以外によるものを複合させて行われることが多いのが特徴です。

3 海外の動向を知る

日本におけるさまざまなハラスメントについて紹介してきましたが、海外でのハラスメント問題の扱いや動向はどうなっているのでしょうか。

日本で私たちが名づけた「パワーハラスメント」と呼ばれる現象について、海外では「mobbing（モビング）」「bullying（ブリング）」「moral harassment（モラルハラスメント）」などと呼び、先駆的に調査・研究が行われてきました。その結果、その行為を防止・規制するための立法もなされています。

「モビング」とは、動物が群れをなして襲うことを意味する言葉で、子どもの間での集団的ないじめを「モビング」と呼んでいました。1980年代に、スウェーデンのハインツ・レイマン博士は、職場にも集団的な暴力があることを指摘して、それを「モビング」と名づけました。レイマン博士は、「モビングとは多くの場合、1人に対して1名から数名が体系的に行う敵意に満ちた非論理的なコミュニケーション」と定義しています。

スウェーデンでは、レイマン博士らの調査を受けて、政府が1993年に「職場における虐待に対する措置に関する政令」を制定しました。その後、2003年に「差別禁止法」、2005年に「平等待遇法」を制定し、労働関係におけるハラスメントが禁止されています。

同様の現象を、イギリスおよび英語圏では「ブリング」と呼びます。もともとの意味は「(子ども同士の)いじめ」というものでしたが、「職場におけるいじめ」についても「ブリング」と呼ぶようになりました。

イギリスでは1997年に「ハラスメント規制法」が制定されましたが、コミュニティの安全を図り、反社会的行動を規制するためのもので、職場におけるハラスメントに限定されてはいません。

フランスについては前述しましたが、2001年に成立した「社会的近代化法」の中に、モラルハラスメントの禁止が盛り込まれています。フランスの影響を受けて、ベルギーでも2002年に「職場における暴力・モラルハラスメントおよびセクシュアルハラスメントからの保護に関する法律」が制定され、それとほぼ時期を同じくして、オランダ、フィンランド、アイルランド、デンマークでも職場のいじめ・嫌がらせ、精神的ハラスメントを規制する立法がなされています。

ヨーロッパの各国でのこういったハラスメント規制の動きは、EUやILOといった諸機関にも大きな影響を与えています。ILOは2006年に出した報告書の中で、「職場における暴力やいじめは流行病的レベル」だと報じています。EUも1996年と2000年に、大規模な職場における身体的暴力、いじめ、セクハラについての調査を実施しており、その結果を公表しています。さらに、2018年、ILOでは世界的な「#MeToo」ムーブメントを受けて職場でのセクハラを含むハラスメントをなくすために、拘束力を持つ条約制定について検討を開始しました。これはセクハラにとどまらずあらゆるハラスメントに言及しており、2019年の総会での採択を目指しています。

グローバル化が進む現在では、労働力も流動化しています。国際基準が示されれば、どのような企業でもISO（国際標準化機構）規格と同様にその基準を満たすための対策が求められるでしょう。

日本においても、2017年に実施された「職場のパワーハラスメント防止対策に関する検討会」において、措置義務化に向けた意見交換が重ねられました。今後は職場のハラスメント全般を見据えた対策について、包括的に取り組むためのガイドライン作成や法制化が進んでいくことが考えられます。

企業では、国内外のハラスメント問題の動向をタイムリーにとらえた対策を検討する段階に来ています。自社の対策の現状を把握した上で、5年後、10年後を見据えてどのような企業・職場づくりをしていくのか、経営的な視点でとらえていく必要があるでしょう。

第4章

パワハラと指導の境い目はどこにあるのか

これまでパワハラの定義や悪影響について語ってきましたが、果たしてパワハラと指導の境い目はどこにあるのでしょうか。パワハラが職場にさまざまな悪影響を与えるならば、それを防止しなければならないのは当然とはいえ、具体的にどのような場合にパワハラと判断されるのか理解できなければ、予防することはできません。

この章では、判例をもとに創作したケースや新聞報道などから、パワハラと指導の境い目について考えていきます。

1　暴力、暴言によるパワハラ

ケース1　言うことを聞かないと嫌がらせをする上司

Aさん（53歳）は、中堅の広告代理店で長年、部長職をしている。このAさんは、自分の指示にすぐ従わなかったり、異論を唱えたりする部下には「バカヤロー！」「辞めちまえ！」「給料泥棒！」などと怒鳴り散らすことがしばしばあった。

また、自分がプライベートで活動しているNPO団体の冊子を会社で配り、その内容を理解しているかどうか部下に確認することもあった。そしてそれを断る部下に対しては、執拗な嫌がらせを繰り返していた。

たとえば、契約社員のBさん（27歳）には、自分が提案した業務のやり方をしていなかったことを、「オレの言うことを聞かないということは懲戒に値する」という理由で、「今後このようなことがあった場合には、どのような処分を受けてもいっさい異議はございません」という始末書を無理やり書かせていた。また、会議でBさんが業務改善の提案をしても「おまえはやる気がない。何でこんなことを言うんだ。明日から来なくていい！」と怒鳴ったりした。

また、タバコを吸っている契約社員のCさん（30歳）には、「おまえはタバコ臭い」という理由で、冬にもかかわらず1日中、扇風機を当て続けた。それは12月ごろから翌年の5月まで断続的に続き、その結果、Cさんは抑うつ状態となって、1カ月休職することになってしまった。

別の契約社員Dさん（30歳）は、事務所の席替えのときに突然Aさんから「うるさい！静かにやれ！」と言われて背中を殴られたり、面談のときには「仕事がうまくいかないなら、おまえが職を失うだけだ」と言われたり、さらに椅子に座ったままヒザをけとばされたりした。また、「よくこんなヤツと結婚したな。もの好きもいるもんだ」と、妻をバカにするようなことを言った。

Bさん、Cさん、Dさんは、3人で共同して会社にAさんの嫌がらせを直訴したが、会社は何も対応をとらない。むしろこのまま自分たちの契約が終了してしまうのではないか、と不安な日々を送っている。

〈解説〉

このケースは、2010年の日本ファンド（パワハラ）事件をもとに創作したものです（東京地裁　平成21年（ワ）第11541号　平成22年7月27日判決）。その裁判では実際に、上司が気に入らない部下2名に対して、真冬に扇風機を当て続けたことが明らかになりました。

そのような行為に対して、「長期間にわたり執拗に2名の身体に著しい不快感を与え続け、それを受任することを余儀なくされた2名に対し、著しく大きな精神的苦痛を与えた」とし、不法行為と認定しました。また、暴力行為は当然のごとく、「何ら正当な理由もないまま、その場の怒りにまかせて殴打したものであるから、違法な暴行として不法行為に該当する」としました。

また、始末書を書かせた点や、業務改善の提案について「明日から来なくていい」などと言った点、妻をバカにした発言については、被害者が契約社員（有期雇用）であったことを考慮して、「被害者に雇用を継続させないことがありうる旨を示唆することにより、今後の雇用に対する著しい不安を与えた」ため、これらの行為を社会通念上、許される業務上の指導を超えて、被害者に過重な心理的負荷を与える不法行為としています。

そして、この裁判では、このような行為が上司としての職務遂行中に行われていることから、会社の使用者責任も認めています。暴言や暴力行為だけでなく、上司側の理不尽な嫌がらせに対しても、会社に責任があることを認めたのです。

さらに、この判決では正規雇用者よりも有期雇用者のほうが、同じ発言を受けても雇用不安が強まり心のダメージが重くなるということを示唆しています。非正規雇用者が増えている職場でのパワハラは、会社にとって大きなリスクとなっています。

2 新入社員への厳しい指導がパワハラに

ケース2　上司の言葉を書き留めた手帳

新入社員のEさん（19歳）は、高校を卒業後、設備の保守点検を行う会社に就職した。わからないことが多かったこともあり度々ミスを犯してしまい、そのたびに直属の上司F課長（45歳）から注意を受けていた。

F課長は「俺が注意したところは必ず手帳に書くように」と指導をしていた。その指導はだんだん厳しくなり、「学ぶ気持ちはあるのか？　いつまで新人気分なんだよ」「申し訳ない気持ちがあれば、変わっているはず」「相手にするだけ時間のムダ」「指示がまったく聞けない。そんなことを直さないで信用できるか」「何で怒られているのかわかっていない」「反省しているふりをしているだけ」「いつまでも甘々、学生気分はさっさと捨てろ」などの叱責が繰り返されるようになり、精神的に追い詰められていった。

こんな風に言われるたびにEさんは、「がんばらなければ」「二度とミスしたくない」と思うものの、いざF課長の姿を見てしまうと体が硬直して思考が停止してしまい、自分から動けなくなってしまう。その姿を見てF課長はさらにイライラを募らせて、しかめっ面をしたり、ため息や舌打ちをしたりする。それを受けてEさんは、胃がキリキリと痛む。

最近では「辞めてしまえ」「死んでしまえ」などの言葉も増えて、会社に行くのがつらい。相変わらず仕事は覚えられず、自分はもうダメなんじゃないかと落ち込む日々が続いている。Eさんは、もし自分に何かあったときの証拠になるかもしれないと思い、せめてF課長が言った言葉は詳しく手帳に書き留めておこうと考えている。

〈解説〉

これは2014年11月に判決が出た「暁産業ほか事件」を参考にしています（平成26年11月28日　労判1110頁34項）。被害を受けた19歳の青年は、パワハラが原因でうつ病を発症し、残念ながら自殺してしまいました。判決では、上司の不法行為責任とともに、その上司の雇用主として会社の使用者責任を認定し、会社と上司に、連帯して遺族に対し7261万円を支払うことを命じました。

ケースに記載した上司の発言は、すべて裁判によって事実として認定されました。その決定的な証拠となったのは、皮肉にも上司自身が指示した手帳のメモでした。これらの発言を上司側は否定しましたが、裁判では上司の供述よりも手帳にある記載内容の信用性を認めたうえで、これらの発言は仕事上のミスに対する叱責の域を超えて、被害者の人格を否定し威嚇するものと認めました。また、経験豊かな上司から、入社後1年にも満たない新入社員に発せられたことを考えると、典型的なパワハラと言わざるをえないと判断しました。

一対一の場面で言われたハラスメント行為は、事実調査や裁判になった際には説得力のある証拠の存在が決め手になります。

そして、もう一つ重要なのは、その主張の一貫性や合理性です。たとえメモがあっても辻褄が合わなかったり、事実としての5W1Hが明確でなかったりすれば、信用性が疑われます。このケースではこれらのパワハラ言動を受けた日付やその内容を事細かく記載しており、その一部が会社内の記録と一致していることから信用性が高いと判断された一方、上司および会社側はそれを否定するだけの根拠を示すことができませんでした。近年ではメールやLINEなどSNSでのやりとり、録音された音声データも、動かぬ証拠として採用されています。行為者がいくら取りつくろっても、このような記録を示されればパワハラ行為を認めざるをえないでしょう。

新入社員は、社会に出て初めて経験することばかりで、ただでさえ不安を抱えています。

そのような状況にある社員に対して、時間をかけてしっかりと仕事ができるよう指導していくのが上司の仕事です。しかし、不安を取り除くどころか未熟さをただいたずらに指摘し、それだけではなく「辞めろ」「死ね」などの人格否定を繰り返すことを「部下への厳しい指導」だと考えているとすれば、それは大きな間違いです。

この被害者は就職してたった半年で命を落としてしまいました。このような悲劇が繰り返されないよう、指導と称した人格侵害＝パワハラ行為は許さない、という意識を高める必要があります。

3　長時間労働とパワハラ問題が同時に起こったら

ケース3　まじめで几帳面な部下が倒れた

大手メーカーに勤務するGさん（36歳）は、入社12年目のベテランの女性だ。まじめで几帳面な性格の持ち主で、上司や先輩からは「責任感が強く、指示どおりきっちり仕事をする」と評判だった。

あるとき、取引先企業に約1年に及ぶ長期出張を命じられた。新しい勤務先は自宅から遠い場所にあり、通勤時間もそれまでより往復で2時間も増えてしまった。

加えて、新しい職場は業務改革のまっただ中で、長年、経理担当でならしたGさんは、その経験を活かすというよりは、新しい社内経理システムの不具合を見つけ、システム開発の委託業者に報告するという、まったく未知の仕事に取り組むことになった。

社内の会議で、社内システムの責任者であるH氏（45歳）から、連日、「報告書はいつできるんだ！」「同じことを何度もやるな」「お願いしたことを期限内にやらないのは最悪」などと厳しい指摘を受けた。残業時間も月80時間を超えることが数カ月続いた。

出張して半年過ぎたころ、社内会議でH氏から「Gさんの仕事が遅い」と指摘された。そのうえ、「もう元の会社に帰っていいよ。使い物にならない人はうちはいらないから」と言われ、大きなショックを受けた。その翌日から2日間、会社を休んでしまった。

その後、Gさんは心療内科を受診し、うつ状態と診断された。H氏にそのことを報告して業務量の調整を申し出たが、H氏は「ほかの人はそれぐらいの業務をかかえてやってるよ。今は人がいないから、やれるだけやって」と言うばかりで、結局、業務量は変わらないままだった。

その後、Gさんは元の会社の人事部に、「すぐに元の仕事に戻りたい。うつ病の治療中で、この仕事を続けるのは無理です」と訴えた。「代わりの人が見つからないと戻れないので、3カ月ほど待ってほしい」と言われ、もう少しでこの苦しい状況から解放されるとGさんはホッとした。

ところが、3カ月後、「システムの拡張計画が決まったので、出張期間を延長することになった」と告げられた。業務量が改善するどころかさらに残業が多くなり、Gさんはとうとう倒れ、その後、休職することになってしまった。

〈解説〉

このケースは、2008年に判決が出たトヨタ自動車ほか事件（名古屋地裁　平成18年（ワ）第17336号　平成20年10月30日判決）をモデルにしています。問題点は大きく分けて三つあります。

①部下指導の表現方法

H氏が行っていた、連日「報告書はいつできるんだ！」「同じことを何度もやるな」という指摘については、この判決内でも「この上司がだれに対しても厳しい上司であり、また被害者の仕事の緊急度の高さから、しばしば叱責と評価できる厳しい指示や指導を行っていた」と指摘されています。とは言うものの、「作業期限に間に合わないという事実がある以上、叱責する正当な理由がある」として、日常的なパワハラがあったとは認めていません。

一方で、「使いものにならない人は、うちにはいらないよ」という発言については、「その表現は過酷でパワハラと評価されても仕方のないものである」とし、その表現方法について一石を投じています。

ここに出てくる発言は、「バカヤロー！」「給料泥棒！」「やめちまえ！」などの暴言にくらべると一見軽いように見受けられます。また、「同じことを何度もやるな」など、要領の悪い部下に効率アップをうながすための「叱咤激励」ともとれる内容が含まれています。

しかし、「うちにはいらないよ」なども含め、よく見ると発言は「批判的」でかつ「否定形」です。そして、否定するばかりで、改善方法など具体的なアドバイスにあたるものは見当たりません。

「ダメ！　ダメ！」ばかり言われていると、部下は自分の判断で仕事ができなくなります。仕事を否定された部下はどんどん自信をなくし、「今度は何を言われるだろうか。上司に叱られない言い回しは何だろうか」と、本来業務とはまったく関係のない部分にエネルギーを割くことになります。その結果、ますます仕事が遅くなり、効率が悪くなるという悪循環が生まれてしまいます。否定するばかりでは、部下指導とは言えません。

②部下のストレス状態の見極め

1カ月の残業時間が80時間を超えていて、しかも数カ月にわたっているとなれば、心身のストレス状態が極限に達していると言わざるをえません。これは「過労死ライン」と呼ばれ、日常的に睡眠時間が5時間を切ってしまい心身に悪影響を与えることが指摘されています。このような状況を放置すれば、「会社の安全配慮義務違反」を問われます。

加えて、Gさんは、通勤時間が往復で2時間も増えています。部下のストレス状態は、単に業務量そのものだけでなく、転勤や出向などで勤務地や仕事内容が変わったことによる負荷も考慮する必要があります。

この判決でも、実際の労働時間だけでなく、その通勤時間や仕事環境の変化に相当の負荷があったと指摘しています。

③体調不良後の業務量の調整

Gさんから「業務量を減らしてほしい」と言われていたにもかかわらず、H氏は「みんなそれぐらいやっている」とその状況を放置しました。しかも、相談を受けた元の会社の人事部は、「3カ月待ってほしい」とGさんに期待させておきながら、反対にさらなる出張期間の延長を伝えています。その結果、さらに具合が悪くなってしまったとなれば、出張先の会社はもちろんのこと、元の会社も「何の措置もとらなかった」と言われても仕方がありません。

判決では、被害者に過重労働による負荷がある状況では、「それを軽減したり、健康状態に注意しながら援助したりするべきであったのに、それを怠ったことは安全配慮義務の不履行がある」としています。業務量の調整は、あくまでも本人に合わせて行うべきものであり、ほかの人とのバランスを優先して本人の状況を考慮しないようでは、後々大きな問題になってしまうのです。

さらに、長期出張の延長を告げたことが、「被害者の精神面に大きな負荷を与えた」ことを認め、業務量の調整や期限の見直しなど、必要な措置を行わなかったとして安全配慮義務違反があったと指摘しています。このように、従業員からメンタル不調の訴えがあった場合には、具体的な改善を図らなければ、会社の責任を問われてしまうのです。

この判決では、結局パワハラとメンタル不調の関係については具体的な因果関係を認めていませんが、長時間労働とあいまって過度に厳しい叱責を行うことで、パワハラで訴えられるケースはますます増えていくと考えられます。そしてその中で、長時間労働＋メンタル不調の関係が明らかになれば、精神障害の労災が認められることになるでしょう。

4　メールでの叱責はパワハラか

ケース４　成績不良の部下を叱咤激励するメールを部員全員に出した部長

大手生命保険会社のＩ部長（49歳）は、もともとバリバリの営業部員で、社内でも優秀な人材として知られている。現在、部下50人以上をかかえ、忙しくも精力的に仕事を進めていた。

ある日、部下のＫ課長（45歳）から「自分の部下である係長Ｌさん（男性・38歳）が、営業目標を大幅に下回っているにもかかわらず、自己評価を『Ａ』とつけたりして困っている。提出書類も期限に間に合わないことが多く、指摘しても反省する様子もない。係長であればそれなりの自覚を持って仕事をしてほしいのだが、先日も会議に必要な書類を忘れてくるなど、やる気が感じられない」と相談を受けた。

たしかにLさんの成績は伸び悩んでいるが、本人はそれに対して懸命に努力しているふうでもない。先日も自己評価シートの自由記述欄が空欄だったので、気になったI部長がLさんに直接「何か書かなくてもいいのか?」とたずねたが、「特にありません」と答えるだけで、仕事に対する熱意も感じられなかった。

ある日、K課長が部員全員に対して、営業成績を期限内に達成できるよう激励のメールを出した。その中には、Lさんに対する「かなり数字を下回っているので、もっとがんばってください」という文面が含まれていた。

これに対してI部長は、Lさんを含めた全員に対して返信を出した。その内容は、「意欲がない、やる気がないなら会社を辞めるべきだと思います。当社にとっても損失そのものです。あなたの給料で業務職が何人雇えると思いますか。あなたの仕事なら業務職でも数倍の業績をあげますよ」と、Lさんを叱咤激励するものだった。

しかし、Lさんはこのメールに対して「部員全員に対して、自分の成績不良をさらし者にするのは、パワハラにあたると思います。こんなことがまかりとおるなら、裁判で訴えます！」と、激高してI部長に詰め寄ってきた。

自分の成績不良を棚に上げて、上司にこんなことを言うとは……と半ばあきれてはいるものの、実際裁判になったらどうなるのだろう、と不安に思っている。

〈解説〉

成績不良や業務への態度について、I部長としては何とかしたい一心で叱責したのでしょう。それにもかかわらず、I部長はLさんから「パワハラだ！」と言われてしまいました。

多くの管理職のみなさんは、「こんなことでパワハラと言われては困る」と思っていることでしょう。部下指導をどんな方法でしても問題はないと思っていませんか。

もちろん、部下の失敗やミス、素行不良などは正す必要があり、管理職の正当な業務です。しかし、問題はその「方法」です。それは「メール」であることと、「その内容が部員全員に伝わっていた」ことです。

2005年に判決が出された三井住友海上火災保険上司事件では、メールによる叱責がパワハラかどうか、ある判断がなされました（東京高裁　労判914号　平成17年4月20日判決）。その前年に東京地裁で出された第一審では、このケースにあるような「意欲がない、やる気がないなら、会社を辞めるべきだと思います」「あなたの給料で業務職が何人雇えると思いますか」などのメールを、対象になる部下だけでなく、部員数十名に送った行為について、「ただちに違法とするには無理がある」として訴えを退けました。

一方、東京高裁での第二審では、パワハラについて「被害者本人に対する叱咤督促する趣旨がうかがえ、その目的は是認することができるのであって、パワーハラスメントの意図があったとまでは認められない」としながらも、「人の気持ちを逆なでする侮辱的言辞と受け取られても仕方のない記載などほかの部分ともあいまって、被害者の名誉感情をいたずらに毀損するものである」とし、不法行為（名誉毀損）であるとしています。

つまり、このケースの叱責の内容だけ見ればパワハラとは言えませんが、メールで部員全員に知らしめた行為は名誉毀損に当たるので問題である、と判断されたのです。

部下指導をどのような状況で行うべきなのかを考える上で、この判決は重要なメッセージを伝えています。メールでの叱責と、それを部下全員に知らせて注意喚起をうながそうという発想は、指導を受けるべき当人にとって効果はなく、むしろ侮辱的な行為であるということを、管理者は肝に銘じておくべきでしょう。

5　部下の不正行為を厳しく叱責したらパワハラか

ケース５　課長の不正経理を厳しく問いただした部門長

大手企業の地方支店で支店長をつとめるNさん（50歳）は、昨年の秋に異動してきたO課長の様子が何だかおかしいことに気がついた。売り上げの報告書を見ると、きれいな右肩上がりで一見、好調のように見える。だが、業務報告のときには目を合わさず、課員の成績の内訳について説明を求めても「忙しいので、次回報告時に出します」というばかりで、２カ月以上、報告もない。そのうち、朝のあいさつをしても顔をそらすようになった。このままではいけないと思い、個別面談をすることにした。

面談で、「どうも様子がおかしいと思うんだが、何かあったのか？」とたずねると、O課長はしばらく黙ってうつむいていたが、やがてぼそっと「実は売り上げを水増ししていました」と告白した。

本当は、売り上げはむしろ落ち込んでおり、それを隠すために課員それぞれの売り上げを水増しして報告していた。また、それだけではなく、交際費や接待費を空伝票で処理し、会社から受け取ったお金で課員に高価なプレゼントを贈ったり、自宅用のソファを購入したりしていたという。

この話を聞いたNさんは激高した。「いったい会社を何だと思っているんだ！　君のやっていることは犯罪行為だぞ！　そんなことまでして売り上げを立てて、何の意味があるんだ！　今すぐ経費の横領をやめて、正しい売上報告書を出すんだ、わかったか！」と怒鳴りつけ、その日の面談は終わった。

ところが、1週間たってもO課長からは正しい売上報告書があがってこなかった。NさんはO再びO課長を呼び出し、「あれからもう1週間たっているんだぞ。いったい何をやってるんだ」と問いただした。「このままじゃ、君は会社を辞めることになるよ。でも、たとえ君が会社を辞めたとしても、君のやったことは消えてなくならないんだ。決して楽にならないぞ！」と言うと、O課長は「はい、わかりました」とだけ答えた。

次の日から、O課長は会社を2日連続で休んだ。3日目に出社すると、いきなり「休職させてください」と、医師の診断書を持ってきた。内容を見ると「抑うつ状態」とあり、1カ月の休職が必要と書いてあった。それを見たNさんは、自分が怒鳴りつけたせいで部下がこうなってしまったのではないかと落ち込んでしまった。

〈解説〉

部下が不正経理をはたらいたことを厳しく叱責することは、果たしてパワハラなのでしょうか。

私たちが、パワハラという言葉を創るにあたり、その概念に「業務の適正な範囲を超えて」という文言を織り込んだのは、部下指導に必要な指示や命令、叱責までもがパワハラと言われないようにするためでした。

不正経理は明らかな違法行為であり、会社のコンプライアンス規定にも抵触する許されない行為です。これを一刻も早くやめさせるのは、上長の使命です。これについて指導するために厳しく追及したとしても、パワハラではありません。

このことを端的に示した判決が、前田道路パワハラ自殺事件です。不正経理やその隠蔽をしていた被害者が、不正を上司から厳しく問いただされたことを苦にして自殺したというケースです。

2008年7月の松山地裁の判決（判時2027号、労判968号　平成20年7月1日判決）では、上司の叱責は「業務上の指導の範疇《はんちゅう》を超えるもの」と評価され、会社に3100

万円の支払いを命じました。ところが、2009年4月に出た高松高裁判決（高松高裁　判時2067号　平成21年4月23日判決）では、「不正経理等についてある程度の厳しい改善指導をすることは、上司らのなすべき正当な業務の範囲内にあるというべきものであり、社会通念上許容される業務上の指導の範囲を超えるものと評価することはできない」としました。さらに、自殺について会社が予見できたかについても「予見可能性はなかった」として、会社の不法行為責任を否定し、原告の訴えは棄却されました。上告されたものの、2011年1月に最高裁は上告を受理せず、高裁判決が確定しています。

しかし、パワハラであろうとなかろうと、当事者がうつ病や自殺といった結末を迎えてしまうことは悲しいことです。Nさんの行為はパワハラとは言えないとはいえ、部下が体調を壊したことでショックを受けてしまいました。また、その職場で働くメンバーや当事者の家族にとっても、このような結末はつらい出来事に違いありません。

裁判でどのような判断が下っても、当事者や周囲の人たちの悲しみが簡単に癒えることはありません。このような結末にならないために、私たち一人ひとりが何ができるのかを、この事件は今も問いかけています。

6　派遣社員同士のいじめもパワハラなのか

ケース6　同僚のいじめで抑うつ状態になった派遣社員

大手家電メーカーで働く派遣社員Rさん（29歳・女性）は、東京都下のある支店でグループリーダーをまかされている。このグループはRさんのほかに女性の派遣社員が5名いるが、Rさんは業務の遂行能力が高く、顧客にもきめ細かなサポートができることから、この支店に着任して8カ月後にグループリーダーをまかされることになった。

ところが、Rさんのグループメンバーが、Rさんの異例のグループリーダー抜擢《ばってき》をねたむようになった。通常は1年半から2年たってからリーダーになるのに、8カ月でリーダーとなり、当然、給料もほかのメンバーより高くなった。今までそのような待遇を受けた社員がいなかったこともあり、Rさんはほかのメンバーから目の敵にされるようになっていった。

メンバーのミスを指摘すると、その後、支店長に「Rさんの指導が厳しい」「Rさんは新商品について質問しても何も教えてくれないのに、お客様への対応でミスをすると嫌味を言う」など、Rさんの悪口を言った。しかし、効果がないとみるや、今度はメンバー全員でR

さんを無視するようになった。

Rさんがちょっとでも失敗すると、メンバー全員でその失敗談をやりとりし、「本当は能力もないくせにリーダーやっているのはだれだっけ?」などと中傷しながら、メンバー同士で目配せをして冷笑した。

ほかのグループのメンバーにも給湯室でRさんの悪口を言ってまわり、Rさんが近づくといっせいに無言で立ち去った。業務で声をかけても目も合わせず、飲み会もこれ見よがしにRさん以外に声をかけて仲間外れにした。

Rさんは支店長にこの状況を相談したが、「これだから女同士はめんどうくさいんだよなぁ。まあ、そのうち収まるだろうから、今は辛抱してよ」と言うばかりで何も改善せず、失望感を強めていった。

半年たったある日、Rさんは突然ひどいめまいに襲われて、会社に行くことができなくなってしまった。受診すると「ストレスによる抑うつ状態」と言われ、1カ月休職するようにと言われた。こんなことで倒れてしまう自分が不甲斐なく、Rさんはますます落ち込んでしまった。

〈解説〉

このケースのような出来事を、一般的には「いじめ」と表現することが多いようですが、これもパワハラと考えられます。パワハラの概念には「職務上の地位や人間関係などの職場内の優位性を背景にして」という文言がありますが、これは「パワハラは上司から部下に対するものだけではなく、職場の中にあるあらゆるパワー（優位性）を使ったものはパワハラに含まれる」という意味を込めたもので、2017年のパワハラ防止対策検討会報告書にもパワハラの構成要素として詳しく説明されています。（第2章を参照）

このケースで使われたパワーは「集団のパワー」です。一般的に、職場のパワーでもっとも注目されるのは上司の持つ職権ですが、時に集団のパワーは上司の職権をも凌駕する力を発揮します。

このケースのモデルは、富士通京都支店職場いじめ事件です（大阪地裁　平成20年（行ウ）第144号　平成22年6月23日判決）。

裁判では「集団で長期間（2年間）、継続的に、陰湿で常軌を逸した悪質なひどい嫌がらせがあった」と認定し、「それによって被害者が受けた心理的負荷の程度は強度であると言わざるをえない」と、その深刻さを指摘しました。また、「精神障害の発症は、同僚のいじめと、それらに対して会社が防止措置をとらなかったため」として、業務との因果関係を認めて労災の支給が認められました。

人は孤独に弱い存在です。職場で無視されたり、人間関係を阻害されたりすると、心に大きな傷を受けてしまいます。集団の力を使ったパワハラは、一見、些細なことのように見えますが、心の傷は大変深く、暴言や暴力に匹敵する人権侵害と言うことができるでしょう。

また、そのような状況をマネージャーとして放置すれば、当然、会社の責任も問われることになります。部下が孤独に陥っていないか、部下の人間関係にも注意を払い、必要があれば改善することが求められます。

7 部下の態度が悪く、つい怒鳴ってしまうのはパワハラか

ケース7　同僚を誹謗中傷する社員を注意した人事部長

食品メーカーの事業所に勤めるSさん（51歳・女性）は、同僚女性Tさん（45歳）に対する誹謗中傷を、毎日のように会社のロッカールームで吹聴していた。その内容は、「Tは以前から会社のお金をかなり使い込んで、行き場がなくなってこの工場に来た」「会社に食品

サンプルの不正出荷をしている人物がいる」「人事担当者がドスで刺されると発言している人がいる」という、根も葉もないものだった。

この発言を問題視した人事部長のUさん（55歳）は、Sさんを呼び出して、この発言内容について1時間半にわたって面談を実施した。

ところが、Sさんはこの発言自体を「私はそんなことは言っていない。だれかが私を陥れようとしている」と完全に否定し、面談の最中も終始ぶすっとした表情でふてくされるような態度をとっていた。

真剣に話し合おうとしていたUさんも次第にイライラが募り、ついに「あのなあ、あんたがそういう発言をしたっていう証拠はもうとれているんだ！　Tが使い込んだっていう証拠を持ってこいよ！」と怒鳴ってしまった。

それでも横を向いて無視をするような態度をしているSさんを見て、さらに怒りが増幅し「本当に俺は許さんぞ！　もう不用意な発言はいっさいしないでくれ！　わかっているのか？」と叱責した。

この会話の一部始終をSさんはボイスレコーダーに秘密で録音し、弁護士事務所に持ち込んだ。音が割れるほどの大声で怒鳴っている様子を聞いた弁護士は、「これはひどいパワハラですね。裁判で勝てるかもしれません」と話した。それを聞いたSさんは、翌日、自信満々で人事部に電話をし、「昨日のUさんの発言はパワハラだって、弁護士の先生から言われました。裁判を起こします」と言い放った。

その話を聞いたUさんは、まさか録音されているとは、とショックを受けた。しかし、Sの行った中傷は会社としても許すことはできない。Uさんは「裁判なんて起こされたら、今後、自分はどうなってしまうのだろう……」と、強い不安に襲われている。

〈解説〉

パワハラは、明らかに行為者側の性格や気質に問題があって、不条理に部下をおとしめようとしている場合もあります。一方で、「相手に言わされてしまった」というケースも少なくありません。

このケースの場合、Sさんの誹謗中傷が許せないだけでなく、それを問いただしてもいっこうに反省しない相手に対して、思わず「パワハラをさせられてしまった」と言えるでしょう。このような場合、裁判ではどのように判断されるのでしょうか。

2008年に、広島高裁で三洋電機コンシューマエレクトロニクス事件の判決が下りました（広島高裁松江支部　平成20年（ネ）第66号　平成20年（ネ）第109号　平成21年5月22日判決）。ケース7は、この事件をもとに創作しています。同僚の中傷をしていた社員に対して人事担当の上司が注意したところ、不遜な態度をとったため怒鳴ってしまったというものです。

第一審の鳥取地裁の判決では、上司のパワハラを認めて慰謝料など約300万円の支払いを命じましたが、控訴審では「たしかに上司の発言態度や内容は、被害者の人間性を否定するかのような不相当な表現で、従業員に対する注意指導として社会通念上、許容される範囲を超えている」としました。しかし、一方で、「もっとも面談時、上司が感情的になって大声を出したのは、被害者の態度がふてくされ、横を向くなど不遜な態度をとり続けたことが多分に起因していると考えられる」とも指摘し、会社側に10万円の支払いを命じました。

つまり、「たしかにひどい暴言ではあるけれども、あなたの態度にも原因があるのだから、その分は責任がある」ということで、賠償額が大幅に減額されたのです。

パワハラは、怒鳴ってしまう行為者側にのみ問題があるのではなく、怒鳴らせてしまう被害者側にも問題があることを明らかにした裁判であり、画期的な判断とも言えます。今後は「パワハラ被害者」を主張するだけでなく、「パワハラを呼び込まない」ために、従業員一人ひとりがコミュニケーションの工夫を図ることが必要であることを示しています。

8 部下同士のトラブルを放置するのはパワハラか

ケース8　部下から「パワハラだ！」と訴えられた

ソフトエンジニアとして働くVさん（33歳）は、一緒に働くWさん（29歳）が取引先と度々トラブルを起こすことを悩んでいた。Wさんは自分の仕事を「これは私の仕事じゃありません」と断ったり、自分勝手なルールで特に必要のない業務を取引先に要求するなどの問題があり、度々社内外から苦情が寄せられてた。

Vさんはその現状について上司のXさんに再三にわたり「Wさんと一緒に仕事をするのは無理です」「問題がありすぎるので異動させてほしい」と相談しているが、Xさんは「何とかうまくやってくれ」としか言わず、状況は改善されないままだった。

ある日、Wさんの勝手な行動が目に余ったVさんは、Xさんやほかのメンバーにccをつけたメールを出した。その内容は「最近のWさんの行動は目に余ります。勝手な判断で動かないでください」という内容だったが、後日Wさんはこのメールやその他虚偽の叱責について会社に「パワハラを受けている」と会社に訴えた。

事実調査の結果、パワハラの事実はないと認定されたものの、これ以上Wさんと一緒に仕事することは無理だと感じたVさんは、再度Xさんと人事部長のYさんと面談し、「パワハラで自分を訴えるような人と、どうやって一緒に仕事すればいいんですか？　何度も言っているが、いい加減何とかしてください！」と強く訴えた。

それにもかかわらず、「あなたはWさんが嫌いなだけでしょ？」などと言われ、結局、業務変更を行われていない。精神的に追い込まれたVさんは、もう会社を辞めようかと思い詰めている。

〈解説〉

このケースは、アンシス・ジャパン事件（東京地裁　平成27年3月27日判決　労判1136号　125頁）をもとに構成しました。パワハラの事実はないにもかかわらず、部下から「パワハラだ！」と訴えられた従業員を、上司や会社は「個人的な好き嫌いの問題」として解決せず放置したことについて、どのような責任を問われるのでしょうか。

判決では、「虚偽のパワハラで訴えられるというトラブルは、客観的に見ても相当強い心理的負荷である」と、そのダメージを認めました。その上で、「会社は異動などの措置をとって2人を業務から引き離したり、業務上のかかわりを極力少なくしたりするなどの対応をすべきであった」とし、結果としてそれらの措置をとらず放置した会社に健康配慮義務（安全配慮義務）に違反した債務不履行責任等があるとして、慰謝料50万円の支払いを命じました。

パワハラの訴えがあった際には、会社はその事実認定について虚偽の可能性もあることを前提に、しっかりと調査する必要があります。このケースの場合は虚偽の訴えであることが認められており、その点で会社は適切に対応したと考えられます。

しかし、パワハラかどうかの判断が出れば問題が解決するのではありません。ハラスメントなどのトラブルに巻き込まれることなく、メンバーが協力して仕事を行う職場をもう一度再構築することが最も重要です。職場の人間関係がぎくしゃくしている状態では、それぞれの能力は十分に発揮されるはずがありませんし、仕事の効率は落ちてしまうでしょう。

ましてや、今回のケースはもともと社内外でトラブルを起こす社員について、会社が適切に指導したりした形跡が見当たりません。問題解決を現場のリーダーや管理者にだけ押しつけ、当事者間で何とかしろ、という態度は、上司や会社がその役割を放棄し、仕事をしていないのと同じことでしょう。

しかし、パワハラの構成要素（第2章参照）に照らし合わせて考えると、このこと自体をパワハラと認定するのは、現状では難しいでしょう。部下同士のトラブルを放置する行為については、「部下の訴えの放置＝無視」と考えられますが、そのことが業務の適正な範囲を超えて行われたのかどうか、不透明であるからです。

「業務の適正な範囲を超えて」関係ないことをさせたり、業務の範囲を逸脱して行われること、と示している内容が、「上司がやらなければならない業務を怠っている」ことが含まれるかどうかは明確になっていません。

このことから考えなければならないことは、2017年に行われたパワハラ対策に関する検討会報告書にある「パワハラの構成要素」は、あくまでもパワハラを考える上での手がかりであり、それらに当てはまらないものはパワハラではない＝会社が対策や補償をしなくてよい、ということにはならない、という点です。

たとえパワハラかどうか判断できないような問題でも、上司や会社の債務不履行が認められることを考えれば、企業のパワハラ防止対策は「パワハラか否か」のみに注目していてはいけないと、いうことなのです。

パワハラであろうとなかろうと、従業員が悩み苦しむような状況を、上司や会社としてどう解消するのか、これからも対策を続けていく必要があります。

9 パワハラと懲戒処分の関係

これまで実際に裁判になったケースを中心に見てきましたが、多くは被害者がメンタル不調を引き起こして休職したり、残念ながら自殺にいたったりするような、深刻なものです。

そうなる前に、企業としてどう対応できるかを考える上で、パワハラ事案の懲戒事例を見るのは大いに参考になります。ここでは、懲戒処分になったものが新聞などで報道された事例をご紹介します。

ケース9 教授が大学院生へパワハラメール20通

広島大学の大学院に勤務する60代の男性教諭が、資料室にある机や戸棚の配置換えをしたことに腹を立て、半年間にわたり「犯罪行為だ」などのメールを約20通送り、学生らが精神不安や不眠を訴えた。広島大は教授を停職6カ月の懲戒処分とした。教授は謝罪の意を示しているという（「産経新聞」２０１７年3月31日付より）。

ケース10　部下を足げり、暴言。警部補を減給・降格

部下で20代の巡査長に足げりするなどのパワハラをしたとして、30代の警部補を減給１／10（6カ月）と巡査部長への降格を決めた。警部補は約半年にわたり勤務中に巡査長のスネに足げりをしたり、「何でできひんのや」などの暴言を繰り返したりした。行為者は「指導の割に進歩がなく、感情的になった。人間関係ができているからパワハラにならないと、勝手に思い込んでいた」と反省しているという（「産経新聞」２０１７年11月23日付より）。

ケース11　市民病院の薬剤師が部下にパワハラで処分。上司の管理監督責任も

徳島市民病院の女性薬剤師が、部下２名に対して人格や尊厳を否定する叱責や大声での誹謗中傷、意図的に業務を行わせないなどの行為をした。徳島市病院局は事実調査の結果、行為者を戒告処分とするとともに管理監督責任を怠ったとして病院長と薬剤部長を文書訓告とした。行為者は「医療事故につながるといけないので指導が厳しくなった」と話したという（「徳島新聞」２０１８年2月23日付より）。

〈解説〉

パワハラと懲戒処分の関係を見るには、インターネットや新聞で情報収集するのが効率の良い方法です。それは、世間一般で「どのようなパワハラ言動が許されない行為と認識されているか」を知るためのバロメーターとして機能します。

一方で、自分が勤めている会社でどの程度の処分が下るのかを判断するのは難しいものです。懲戒処分について公示している企業であれば、その内容をおおよそ知ることもできますが、守秘義務の観点から公示していない企業もあります。

そのような場合でも、就業規則や行動規範などで「パワハラ防止規定」があるのかどうかを調べることは可能です。このような規定がある企業では、管理職向けの研修でもパワハラ防止についてしっかりと取り組んでいるところが多く、より厳しい判断が下されると考えてよいでしょう。

いずれにしても、パワハラ問題に関する社会的な認知や関心はますます高まっています。この章でご紹介したようなケースがみなさんの職場で起こると、それがパワハラであろうとなかろうと、業務に大きな支障があることは間違いないでしょう。

10 指導の延長で人格否定や非難を行うとパワハラに

(1) パワハラとセクハラの違い

これらのケースに共通する部分を見ていくと、現在のところ裁判においてパワハラかどうかを判断する決め手としては、「加害者の言動が、客観的に見て指導の範囲を逸脱しているかどうか」がもっとも重視されているようです。

これは私たちが定義に盛り込んだ「本来の業務の適正な範囲を超えて」の部分を反映した形となっており、適正な指導であればパワハラではない、という認識が一般的になりつつあるように感じています。

パワハラについては「受けた者が不快だからパワハラだ」という人がいますが、それはセクハラの判断基準です。もともとパワハラは「受けた者の不快感」だけを判断基準にしていません。部下のミスや素行不良を厳しく叱るのは、上司の大切な仕事だからです。たとえ厳しく叱られて、部下が落ち込んだり不快に思ったりしても、客観的に見て部下の成長のために必要であれば、しっかりと叱ることが必要なのです。それをパワハラと言ってしまっては、上司は適切な指導ができなくなってしまいます。

そもそもセクシュアルな言動は「業務上必要な言動」ではありませんし、それ自体が重大なハラスメント行為です。一方、パワハラは、部下指導との線引きが難しい側面があります。それゆえ、上司から「部下からパワハラと言われるのが怖くて、適切な指導ができない」という嘆きが寄せられますが、何も恐れることはないのです。適切な叱責や指導は、部下の成長のために必要不可欠です。

ただし、部下指導の延長で人格否定や非難があれば、パワハラになります。紹介した判例でも、部下指導や業務改善のために厳しい口調で叱責したことについては、部下指導の範囲として判断されているため「パワハラとまでは言えない」ということになっています。

しかし、「おまえなんかいらない」「やめちまえ」「能なし」とののしったり、相手の言い分を無視して怒鳴り散らすような行為については、「人格、存在自体を否定する言葉を、企業の組織体の中で、上位で強い立場にある者から発せられることによる部下の心理的負荷は、通常の「上司とのトラブル」から想定されるものよりもさらに過重である」と判断され、それらの言動自体がパワハラに該当します。もちろん、それは上司・部下間のみならず、先輩から後輩へといった関係でも起こります。

(2) 適切な指導がパワハラに発展する理由

私たちは企業からご依頼を受けて、パワハラ問題の事実調査ヒアリングを行うことがあります。その中で特徴的なのは、「最初は問題行動を指摘していたのに、最後は相手を罵倒してしまう」というケースです。

たとえば、遅刻を繰り返す部下に対して、「何度も言っているが遅刻はダメなんだよ」と叱責しているのであればパワハラではありません。しかし、そのあとに「おまえは本当にダメなやつだ」「顔も見たくない」「もうこの仕事は辞めたほうがいいんじゃないか」など、相手の状況を無視した人格否定や非難を続けて言ってしまったばかりに、問題が大きくなるというケースです。

この場合、上司側はこの叱責を、当然のごとく「遅刻の指導である」と主張しますが、言われた部下のほうは、遅刻の指導についてよりも、自分の人格を傷つけられた「顔も見たくない」「辞めたほうがいい」ばかりを受け取って、「パワハラである」と主張します。実際にはその両方が含まれていて、それぞれが自分に都合のいい部分だけを強調しているだけです。

このように、指導とパワハラが同時に行われているケースでは、「パワハラとまでは言えないが、指導方法としては問題がある」と判断されています。ケース3の「使い物にならないよ」という発言しかり、ケース4のメールでの叱責しかり、指導や叱責自体は必要かもしれませんが、言葉の表現や指導方法について問題があれば、大きなトラブルに発展することを示唆しています。

つまり、パワハラかどうかの境い目がはっきりして、上司側が適正な範囲で叱責したとしても、余計な一言がついたり、表現方法を間違って大きな問題に発展したりしてしまうのです。関係者は、問題解決のために大変な労力を割かなければなりません。それがどれほど企業の成長を阻害するでしょうか。

部下との無用な争いを起こさないためには、適正な指導・叱責の範囲を意識することだけでなく、表現方法や指導方法についてもあわせて考える必要があることを、これらのケースは物語っています。

第5章 パワハラへの対処法を知る

第4章では、パワハラと指導の境い目について、判例や新聞記事を参考に解説しました。しかし、実際の現場で起きていることは、必ずしも先ほどのケースに当てはまるものばかりではありません。特に、裁判になっているケースは、明らかに行為者側の嫌がらせであることも多く、極端なケースと言えます。

しかし、パワハラの芽となる些細なトラブルや情報の行き違いは日常的に起こっています。その段階で、いかに早くパワハラの芽を摘み取ることができるかが、その後の職場環境に大きく影響するでしょう。

ここでは、パワハラ問題への対処法について考えてみましょう。

1 必ず対処すべきレベルのパワハラ問題

より深くパワハラを理解するために、パワハラの問題点と対応が必要な度合いについて整理します。一口にパワハラと言っても、さまざまな問題のレベルが存在しています。それを知ることで、パワハラ問題が起きたときにも適切に対処することができます。

図表 5-1　パワハラ問題のレベル

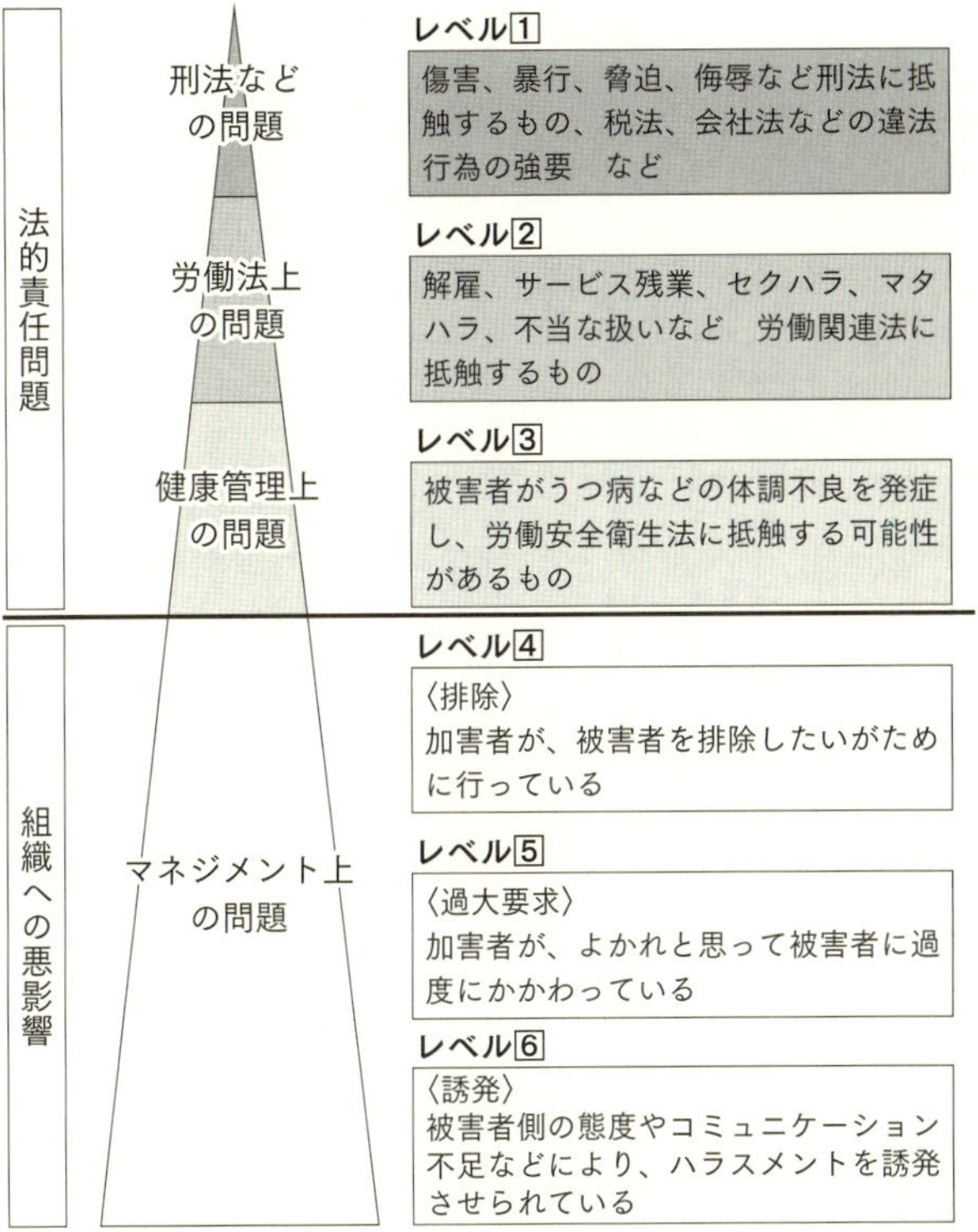
法的責任問題
組織への悪影響
刑法などの問題
労働法上の問題
健康管理上の問題
マネジメント上の問題
レベル1
傷害、暴行、脅迫、侮辱など刑法に抵触するもの、税法、会社法などの違法行為の強要　など
レベル2
解雇、サービス残業、セクハラ、マタハラ、不当な扱いなど　労働関連法に抵触するもの
レベル3
被害者がうつ病などの体調不良を発症し、労働安全衛生法に抵触する可能性があるもの
レベル4
〈排除〉
加害者が、被害者を排除したいがために行っている
レベル5
〈過大要求〉
加害者が、よかれと思って被害者に過度にかかわっている
レベル6
〈誘発〉
被害者側の態度やコミュニケーション不足などにより、ハラスメントを誘発させられている

［出所］㈱クオレ・シー・キューブ資料

(1) レベル1：犯罪行為にあたる

レベル1は、なぐる・けるなどの暴力行為や、「俺の言うことを聞かないなら、おまえの将来はないぞ」などの脅迫行為、土下座を強要するなどの侮辱行為は、刑法にも触れるような問題です。最近ではスポーツ界を中心に暴力行為や違反プレーの強要なども明るみになっていますが、このようなことが社会的に許されるはずはなく、警察から事情聴取を受けたり、悪質な場合には行為者が逮捕されたりすることもあります。

そこまで行かない場合でも、被害者が民事裁判を起こし、このようなことが起こったと事実認定されれば、多額の損害賠償金を支払うことになります。当然ニュースとなって世間に広がり、その後のビジネスに多大な悪影響を与えることになります。

また、詐欺まがいの販売や経理上のごまかしなど、商法や税法などの違法行為を強要するような問題もレベル1に含まれます。最近問題になった製造業における出荷前の検査に関する不正行為なども消費者を欺く行為であり、背景にパワハラがひそんでいます。

会社の経営陣から、「この数値を正常値にしろ！　やらなければクビだ！」などと言われれば、従業員は従わざるをえません。しかし、それが違法行為であることを示唆されていれば、やらされる部下のほうはそんなことをやりたいはずがありません。

このように、違法行為の強要は、会社の経営陣のパワーや集団のパワーが使われ、本来業務の範囲を明らかに逸脱した行為をやらされるという構図です。私たちはこれも重大なパワハラ行為ととらえています。

だれが見ても問題があることは明らかですが、あまりにも深刻で被害者がなかなか訴え出ることができない場合もあります。しかし、このようなことを「何を言ってもムダだ」とあきらめて放置していれば、いつか大きな事件や事故に発展し、人命が失われたり、企業の存続にかかわるような事態を引き起こしたりしかねません。

このような行為を見聞きした場合は、コンプライアンス問題として早急に対処する必要があります。現在は公益通報者保護制度に従って、告発した人を守りながら事実調査を進め、一刻も早く違法な行為を止めさせ、それにかかわった人物は懲戒処分にするなど、会社内でしっかりと対処しなければ、会社も人も守ることはできないでしょう。実際このような問題を起こした会社は、倒産したり解散したりして、会社自体が消滅してしまっています。そうなれば、その会社でまじめに働いていた人の人生まで台無しになってしまうのです。

そして、このような大きな事件や事故につながりかねない問題は、その情報が後々まで悪影響を与える時代になりました。インターネットで全世界が瞬時につながる現在では、

twitterやFacebookなどのＳＮＳであっという間に拡散します。フェイクニュースも含めてその拡散を止めるすべはなく、一度起こった不祥事は延々と語り継がれてしまいます。

パワハラが原因で重大なコンプライアンス問題を起こした会社で働きたいと思う人は、だれもいないでしょう。今どきの就職活動中の学生はネット上の情報をくまなく調べていますす。少子高齢化で新卒採用がままならないなか、優秀な人材を集めたくても、過去にパワハラ問題があれば集まらず、次世代を育成できなくなります。

パワハラ問題を放置すると、会社は存続の危機に立たされてしまうのです。

(2) レベル２：労働法にからむ問題がある

レベル2は、契約期間中にもかかわらず一方的に「おまえはクビだ！」などと告げる不当な解雇や、こなせるはずもない業務量を「明日までに仕上げてこい！」とサービス残業を強要する不当な業務命令など、労働法関係の問題がある場合です。レベル1とくらべると、一般の人には一見、法律に違反しているかどうかなかなかわかりにくいところですが、「何かおかしい」という不当感が募るようなレベルです。

特に注意しなければならないのは、雇用契約上、不安定な立場にあるパートタイマー、アルバイト社員や派遣社員などへの「明日から来なくていい」などという言動です。

正社員なら、嫌味に聞こえても本当に辞めさせられるとは考えにくいものですが、非正規社員の場合は「本当に辞めさせられるかもしれない」と不安が倍増します。そして、「あいつの態度が気にいらない」など、正当な理由なくして契約を解除したということになれば、法的問題が発生してしまいます。

また、「使い物にならない人はいらない」というようなパワハラ発言と合わせて問題になるのは、長時間労働を放置することです。

月間１００時間を超えるような残業に加えパワハラ発言があり、被害者が繰り返しうつ病を発症したケースでは、会社の責任も重く問われています。

会社が「ほかの人も同じように働いているから問題ない」と説明したところで、言い訳にしかすぎません。これまでも精神障害を発症したことによる労災を申請した場合、恒常的な長時間労働にいじめ・嫌がらせが加わったケースの多くが認定されています。

では、ノー残業デーだからといって「早く帰れ」と週に1~2回部下を早く帰らせていれば問題ないのでしょうか。業務をこなせない部下がこっそり自宅で仕事をした結果、うつ病を発症したらどうなるのでしょうか。このようなケースでも、裁判になれば労災認定の可能性があります。

労災認定の裁判では、タイムカードとともにPCの起動時間を確認したり、日記や家族の証言を採用したりすることが一般的です。つまり、自宅作業も実質的な労働時間と算出されてしまうのです。その結果、部下が倒れたとなれば、上司の管理監督責任は免れません。

部下の労働時間については、会社にいる時間の管理だけをしていればよいのではなく、自宅作業も含めてどのように業務をこなしているか、一人ひとりの適正に合わせて業務量や質を調整しなければなりません。これからは在宅勤務も増えることでしょう。職場にいなくても、就業時間や仕事の進捗などをよく確認しておく必要があります。

また、上司自身がパワハラをしないだけでなく、部下同士の人間関係でトラブルがないかにも気を配る必要があります。同僚のいじめに対しても、会社がそれに対して防止措置をとらなかったことから、会社の責任を認め、労災認定されたケースもあります。

職場の秩序を保つためには、「臭いものにはフタ」と逃げ回るのではなく、部下同士のトラブルにも積極的にかかわり、問題解決することが求められるのです。

このように、上司に求められる勤怠管理や健康への配慮、長時間労働の是正に関する責任は年々重くなっています。これを上司が一人でかかえ込むのではなく、健康管理スタッフや自分の上司、人事部門などと連携して早めに手を打てば、上司自身の負担を軽減することができます。

(3) レベル3：社員がメンタル不全になる

レベル3は、社員が病気になった場合などです。会社には、社員の健康管理に配慮しなければならないという「安全配慮義務」があります。病気の原因は個人に起因する場合もありますが、「上司のハラスメントや職場環境の悪さが原因である」と、明らかな因果関係が証明されれば、会社の責任となります。

職場に原因がなかったとしても、病気がもとで、業務が円滑に進まない、業績が落ちるなどの問題が生じたとき「怠けているのではないか」と責めて、結果的にパワハラにつながっていくケースも少なくありません。

また、長時間労働で疲弊している部下には、「やる気があるのか？」などの何気ない一言がパワハラとして聞こえてしまうことも考えられます。特に「がんばります」「できます」と仕事をかかえ込むタイプの部下には、きめ細かい声がけによる調整が必要となってきます。「責任感があるから」とまかせっきりにしておくと、ある日突然、倒れてしまうことがあります。

メンタル不全の初期症状に、〝意欲や集中力の低下〟〝疲労感〟があり、そのために業務効率が下がったり、ミスや遅刻が発生したりします。仕事中ぼんやりしている部下を目にしてイライラし、「ボヤッとするな！」「仕事に集中しろ！」と厳しく注意したことが、後々「うつ病の原因になった」と判断されることがあります。

もともと注意力散漫な人がミスを頻発するのと、日ごろ堅実な仕事をしている人が〝珍しく〟ミスを犯すのは違います。メンタルヘルスの知識や理解が乏しいばかりに、部下の不調に気づかず叱責がエスカレートし、うつ病に追いやってしまっては取り返しがつきません。

部下個々人の性格や日ごろの働き方、仕事ぶりを把握し、小さな〝変化〟を見逃さず、「最近、疲れているように見えるが……」「あなたらしくないと思うんだけれど……」と、さりげなく体調を気づかいながら状況を訊ね、必要であれば社内の健康管理スタッフや社外の専門機関へつなげて、上司としても継続的にフォローすることが大切です。

また、メンタル不調で休職した後に復職した社員が、「職場で不当に扱われている」と訴えてくることがあります。規定の復職プログラムに則って、勤務時間の短縮や業務負荷軽減などの配慮がされているにもかかわらず、「仕事を取り上げられた」「病気で差別されている」と被害的に受け止め、「自分は職場に必要のない人間」と落ち込んで、再び症状が悪化したというケースや、反対に周囲が「復職したのだから大丈夫なはず」「完治したから復職したんだろう」と、次々と仕事の負荷をかけてくるのを断り切れず、引き受けているうち症状が再燃したというケースなども見聞きします。

いずれの場合も、復職前に医学的判断にもとづいた体調確認を行い、それに沿った業務上の配慮、今後の軽減解除の見通しなどについて、職場責任者、人事担当者、産業医を交えて、本人と十分話し合う機会を設けることが大切です。

社員のメンタルヘルス問題は、最近深刻な問題としてクローズアップされてきており、早期発見、早期対応で新たなパワハラを生まない企業努力が必要です。さらに、不調者が出た場合の対応や休職・復職のプロセスについて就業規則に盛り込むことはもちろん、職場構成員一人ひとりがメンタルヘルスについての知識を持ち、適切な対応を行うことでハラスメントの芽を摘み取ることができます。

以上三つのレベルは、法律に抵触する可能性の高いもので、「わが社ではその程度はパワハラとは言わない。教育として当たり前だ」という主張は通りません。会社が責任を持って、毅然とした対応をしなければならないレベルの問題です。管理者は基本的な法律を理解しておくことはもちろん、日ごろから職場で起きていることに関心を持ち、部下の状況をしっかりと把握することが大切です。

また、「自分の部署の問題だから、上司の自分が何とか解決しなければ」と一人でかかえ込んでいると、問題がこじれてかえって解決が難しくなったり、「相談したのにちっとも解決してくれない」と上司が被害者から攻撃されたりすることもあります。

上司自身がコンプライアンス窓口や人事相談・ハラスメント相談窓口などを積極的に利用することで、問題をいち早く解決する必要があります。そのためには、相談窓口の役割や問題対応のプロセスなどをあらかじめ知っておくことが大切です。

2 会社や部門によって対応が異なるレベル

その他のレベルでは、パワハラ的な行動でも指導として容認するか、改善するかは会社ごとに悩むところでしょう。放置した場合の経営損失の程度も異なるので、各社に判断がまかされるところです。「社員に安心して働いてもらうことが、経営にとってもメリットがある」と考える会社と、「厳しいけれど競争に勝ち残った人に、活躍できる場を与えるほうがいい」と考える会社では、風土が違います。そのため、同じ言動でも違った受け取り方がなされるでしょう。

また、職場によっても違います。営業など外部との接触が多い職場では、かなり激しい上司からの叱責が飛び交うことが多いのですが、受け手のほうはあまり気にしていない様子がうかがえます。一方、研究所や管理系部門などの職場では、ハラスメントに対して敏感になりやすい傾向が見られます。小さなハラスメントでも、放置すれば法的問題に発展しかねません。

自社にとって、自部門にとって、何がパワハラになるのか、どのようなパワハラが起きやすいのか、防止のためには何を心がけていったらよいのかを考える必要があります。

法律に抵触するほどのパワハラではなくても、パワハラの存在は組織に悪影響を与えます。部下が疲れきってしまった、人間関係がギクシャクしてしまったなど、仕事の効率が悪くなり、組織風土として好ましくない状況も生み出してしまいます。

では、上司として日常的にパワハラを防止していくために、どのようなことに心がけていったらよいでしょうか。

ハラスメントの問題レベルとして三つに分けました。必ずしもレベル分けできるものではありませんが、ここでは便宜上「レベル」としておきます。

レベル4：隠れた意図、悪意による排除
レベル5：過大な要求からの行き過ぎた指導
レベル6：部下側がパワハラを誘発

という視点で、詳しく検討していきたいと思います。

(1) 嫌悪感や怒り、不安をぶつけてしまう

レベル4は、相手に辞めてほしい、なんとなく嫌、という気持ちから行われている言動です。人が他人を排除したり攻撃したりする背景には、第2章でふれた価値観の違いによる苛立ちや不快感のほかにも、「怒りや不安」があると思われます。職場の一人ひとりが、怒りや不安を感じるような状況をなるべく少なくすることが、解決の一つのポイントとなることでしょう。

具体的には、その怒りや不安を生み出すストレス要因を取り除くこと、そしてストレスがあってもそれを修復できる機能を職場につくり出すことです。

まず、一番のストレスは、自分自身が抱える怒りです。思うように動かない部下や同僚に怒りを感じて、もう指導するのも嫌、あるいはもうかかわりたくないとなったとき、相手を排除したくなり、無視や攻撃をしてしまいます。

また、もう一つのストレス要因に「不安」があります。自分自身の存在が認められていないと感じると、人は不安を抱くものです。キャリアの終盤にさしかかり、自分の将来に不安を抱いて変化することを拒み、相手を非難することで自分を守ろうとするケースもあります。また、契約社員や派遣社員など、立場が不安定な人たちは、自分の立場を脅かされることを恐れて、自分より弱い立場の人を攻撃してしまうことがあります。

長年地道にやってきた仕事が新入社員に奪われるのではないかと心配して、仕事を教えなかったり、情報を与えなかったりというハラスメントを行う社員などがそれにあたります。また、新しい派遣社員が入ると、自分の契約が継続されないのではないかという不安から、必要以上に厳しくあたって辞めていくように仕向けたり、上司に「あの新人は能力がない」と告げ口したりする先輩の派遣社員などの例もあります。

このようなことが起きないようにするためには、一人ひとりの仕事における課題を一つ上に設定し、それにチャレンジすることに興味を持たせてみることです。また、中途採用や派遣社員など、新たなメンバーが職場に入ってきたときは、職場のパワーバランスが崩れます。今までのメンバーの役割を再確認し、それぞれの役割の違いを明確にして、改めて部下の役割や居場所を保証することで、今までのメンバーに無用な不安感を持たせないようにすることができます。

しかし残念ながら、実際にはいくら仕事の与え方を工夫しても、多かれ少なかれ人は怒りや不安を感じるものです。むしろ、まったく感じないようでは問題かもしれません。抱いてしまった怒りや不安をうまく解消し合う良好な人間関係をつくっておくことが、ストレス耐性を高めることになります。

私たちは、ハラスメント相談を通して、とても冷え切った職場を垣間見ることがあります。ほとんどの会話をメールで行い、互いに顔を見ることもなく、1日PC画面に向かって仕事をしている職場環境で、孤独を感じ、ちょっとしたことを誰にも相談できず思い悩む人は少なくありません。忙しい相手への配慮から、話しかけることができないという人もいます。このようなことが起きないように、ちょっとした伝達でもなるべくお互いに顔を合わせて話す、多少のムダ話は許容するなど、職場の雰囲気づくりも大切です。

また、交代勤務の職場などでは、ムダを省くために勤務の重複時間を減少させたことにより、仕事の引き継ぎやお互いをねぎらう言葉を交わす時間がなくなって、人間関係が希薄になったなどという話をよく聞きます。仕事だけでなく、職場のメンバーがお互いをよく知り合うような仕掛けや、お互いをねぎらう声がけの習慣をつけることも大切です。

「企業文化プロジェクト」と称して、お互いに話し合う時間をつくったり、サークル活動を推奨したりしている会社も出てきています。かつてあった社内旅行や運動会が持っていた機能を、今の時代に合った、そしてメンバーのニーズに合った方法で取り戻すことも、良い人間関係をつくるために必要なことかもしれません。もちろん、参加を強制しないことが大切なのは言うまでもありません。

(2) 過大要求をしてしまう自分の意識チェックシート

レベル5は、行為者に悪意があるわけではなく、部下にとっても会社にとってもよかれと思って、過大要求をしてしまうケースです。指導や叱責しているにもかかわらず、部下側が疲弊して能力を発揮できていない場合が、これにあたります。最近ではこのような細かな指導を〝マイクロマネジメント〟と言ってパワハラ上司を表現するようになりました。細かいことに口を出しすぎて、部下ががんじがらめになり身動きが取れない状況では、部下の成長につながりません。

自分自身もがんばりすぎて職場がピリピリしていたり、部下に対して過度な期待をしていたり、おせっかいだったりすることもあります。「とにかく頑張れ」と、達成不可能な組織目標を押しつけたり、「自分がこれだけやっているのだからおまえも……」と、相手の能力や状況を配慮することなく自分と同じようにやることを強要したり、「君のために言っているのがわからないのか？」と、ムダなアドバイスや自分の信念を押しつけたりします。本当にそれが妥当な目標なのか、相手の能力や状況を考えて適切なアドバイスなのかどうかを、よく考えてみる必要があります。

また、はたから見ていると、「ムダな仕事をしているために忙しくなっている」と感じざるをえないこともあります。たとえば、顧客に出すメールをすべてチェックすることが慣習となっていたり、手続きや書類作成が多すぎたり、とにかく「気合だ！　根性だ！」と言って成果の上がらない行動を無理強いしたりする風土などです。

もう少し仕事を効率化することで、部署全体の仕事量を少なくできるのではないでしょうか。仕事量を減らすための工夫の余地がないか、仕事の進め方が適切かどうか、ときどきチェックしてみる必要があります。

とかくこのようなパワハラを行う人は、自分にも厳しく、過度な責任感や使命感を抱いているために、気づかないうちに他人にもプレシャーをかけていると考えられます。自分の言動を駆り立てている価値観や感情について振り返り、それらを周囲にも押しつけてはいないか、そして何より自分を追い詰めていないか、よく見直してみることが大切です。

それをチェックするのに適しているのが、次の「ドライバーチェックリスト」です。

私たちは、子ども時代に親や周囲の大人から繰り返し言われたことを、大切なメッセージとして受けとめます。これらのメッセージは「ドライバー」と呼ばれ、成長してからも自分の言動を駆り立てる原動力となります。問題なく社会生活を送るためのしつけや教訓が含まれたメッセージで、プラス面もありますが、同時に否定的な側面も持ち合わせています。「今、この状況」で、いつも適切だとは限りません。

あなたの傾向をチェックして、自分自身が陥りそうなパワハラのパターンを知っておきましょう。

図表5-2　ドライバーチェックリスト

◎作業1　A～Eの白枠の中に、0～3のうちいずれかの数字を記入してください。

そうだ	ややそうだ	あまりそうではない	そうではない
3	2	1	0

		A	B	C	D	E
1	些細なことでほめられて喜ぶ人は、甘いと思う					
2	周囲から「鈍感」「無神経」などと言われる					
3	仕事が遅い人を見るとつい口や手を出してしまう					
4	やると決めたことを中断したり、あきらめたりする人はみっともない					
5	ボーッと過ごすことや待つことが苦手だ					
6	人からの頼みごとをされると断れない					
7	職場や家族に対して常に物足りなさを感じる					
8	人の顔色や機嫌が常に気になる					
9	よく泣いたり、感激したりする人を見ると軽薄さをおぼえる					
10	自分の弱みは人に見せたくない					
11	人には笑顔で接するべきだ					
12	すぐに「できません」「無理です」と言う人は苦手だ					
13	ミスやトラブルが起きた際、取り乱すのは未熟な人である					
14	目立ったり、ほめられたりすることは居心地が悪い					
15	相手の質問に答えられないと、みじめに感じる					

◎作業2　「2」「3」と書いた項目だけを列ごとに集計して、合計欄に点数を記入してください。

16	他人に助けを求める人は情けないと思う					
17	優柔不断な人に出会うともどかしく思う					
18	努力していないと足元をすくわれるような気がする					
19	次に何をするか、考えをめぐらせている					
20	仕事はいつも100点、いや120点を目指している					
21	趣味でも遊びでもやるなら全力でやるべきだ					
22	いそがしくしていないと不安になる					
23	他人の些細なミスでも注意をしたくなる					
24	ミスをすることが怖い					
25	人より早く出社して、遅くまで仕事をしている					
26	目標を達成しても、まだまだがんばれると思う					
27	自分の損得ばかり考えている人を見ると腹が立つ					
28	つらくても弱音は吐かない					
29	他人とうまくやるには自分より相手を優先するべきだ					
30	要点が見えない話をされるとイライラする					
合計欄						

【解説】

ドライバーには、次の五つのタイプがあると言われています。チェックリストで得点が高かった項目は、対人関係において表に出やすいものです。それぞれの項目の後半に、そのドライバーへの対処方法がありますので、参考にしてください。

〈A　完璧であれ〉

このドライバーの人は、常に100%を目指して考え、行動する傾向があります。万全を期すため、仕事を終えるのは納期ぎりぎりになります。実際には〝完璧〟はありえないので、いつも後悔や反省の念にとらわれ、満足することがありません。

自分への要求水準が高いだけではなく、周囲に対しても容赦なく手加減しないため、このドライバーの持ち主のいる職場は、常にピリピリした空気が張り詰めています。ですから、部下のちょっとしたミスをきっかけにパワハラが生じる可能性が高いでしょう。

このドライバーへの対処としては、業務内容によって完成度を決め、すべてに全力投球するのではなく、60%の力でできることは60%に留めたり、人にまかせたりして、物理的、精神的にゆとりを持ちましょう。

「ほどほど」「良い加減」を肯定的に取り入れる柔軟性を育てていくことが大切です。自分の〝うっかりミス〟についてだれかに話し、一緒に笑えるようになればしめたものです。

〈B　他人を喜ばせよ〉

このドライバーの人は、子どものころ、従順でいい子にしていてほめられた経験から、人を喜ばせようとする傾向があります。率先して行動するよりも、周囲の顔色を見て指示を待ち、頼まれた仕事は断らないけれど、責任は取らないタイプです。

他人のペースや要求に合わせて自分は我慢してしまうため、知らず知らずのうちに疲労や不満をため込んでしまいます。にこやかで人当たりが良く協調性が高いので、周囲からの評判は悪くないのですが、主張性、主体性に欠けるため、いざというときに上司にも部下にも信頼が得られません。

また、部下が起こすちょっとしたミスや失敗に対しても、「これくらい、まあいいか」としっかりと指導できないため、部下への怒りや不満が蓄積して、ある日突然「おまえのためを思っているのに、何度言ったらわかるんだ！　このバカヤロウ！」と、一気に爆発するパワハラをしたりします。

このドライバーへの対処は、周囲の目線よりも「私はどうしたいのか?」を自問し、常に〝私〟を主語に考え、行動するよう努めることです。自分の考えや感情を抑え込まずに、部下の問題行動などはその場でしっかりと指導するなど、自分の気持ちを大切にすることです。

〈C　努力せよ〉

このドライバーの人は、「高い目標に向かって努力することこそが大事である」と考えているため、かんたんにやり遂げてしまうことに罪悪感や物足りなさを覚えます。周囲にも「人間、努力が大事だ」「汗をかけ、足で稼げ」という根性論を押しつけることがあります。当初の目標を達成してもすぐに新たな目標を掲げ、決して満足することがありません。

周囲に努力している姿を見せ、「同じように努力せよ」という有言、無言のプレッシャーを与えてくるため、周囲が巻き込まれて疲弊し、心身不調者が発生する可能性があります。

このドライバーへの対処としては、「肩の力を抜こう」「がんばらなくていいときもある」と自分に言い聞かせることです。公私のオンオフの切り替えが苦手なタイプなので、「退社時間を決める」など時間管理の徹底をするなど、自分の行動の枠組みづくりから始めましょう。

〈D　強くあれ〉

このドライバーの人は、親から「人に弱みを見せるな」と言われて育ち、自然な感情表現を抑えつけられてきたために、痛みや苦しみ、悲しみなどを感じにくくなっています。他人の感情や痛みに対しても鈍感で、情にほだされることがありません。

攻撃的で、ブルドーザーのように仕事をガンガンこなし、周囲の人にも強さを求めます。自分のペースについてこられない部下を、「おまえみたいな弱いヤツはいらない！」と否定し、「辞めてしまえ！」などと排除することもあります。

このドライバーへの対処の第一歩は、「無理していないか？」と自らに問いかけ、「疲れた」「つらい」という、自分の内なる声に耳を傾けることです。「あるがままの自分」を受け入れることによって、「休憩する」「早めに帰宅する」などのセルフケアが可能になり、さらには周囲に対しても思いやりや共感を持って接することができるようになります。

〈E　急げ〉

　このドライバーの人は、子どものころ、「早く、早く」「何ぐずぐずしているの」と言われた経験から、常にせかされているように感じて落ち着きません。休日もぼーっとするのが嫌で、予定を入れて忙しく動き回るタイプです。

　仕事が速く能力は高いのですが、人の話を最後まで聞かずにさえぎったり、指示がコロコロ変わったりするため、〝身勝手〟で〝ワンマン〟な印象を与えます。自分とペースの合わない人に対し、常に「早くしろ！」「グズグズするな！」などと攻撃的に発破をかけ、パワハラに発展することもあります。

　このドライバーへの対処としては、一度にあれもこれもやろうとせず、優先順位を決めて順番にこなしていくことで、自分にも周囲にもプレッシャーをかけないようにする工夫が必要です。行動する前に深呼吸し、「ゆっくりやろう」「あせらなくてもいい」と自分に言い聞かせましょう。

　上司の気持ちや考えは、そのまま職場風土に影響します。自分の言動やその背景にあるメッセージが部下に与える影響について知り、問題があれば改善する必要があります。そのためにも、まずは自分自身に関心を持ち、自分を大切にすることから始めてみてはいかがでしょうか。

(3) 部下側の問題から誘発されるパワハラ

レベル6は、職場のルールを乱すような部下の行動が誘発してしまうパワハラです。これは、部下側が、適切な指導・注意をパワハラと勘違いしたり、上司をイライラさせて、パワハラを呼び込んでしまったりするような場合です。

報告や相談をしないまま勝手に仕事を進めている、言うべきときに何も言わない、無責任な態度や反抗的な態度をとる、注意されても改善しないなど、言われる側にそもそもの責任がある場合も多く存在します。

しかし、「そもそも言われる側に問題があるのだから、注意した側には問題がない」と考えて厳しい行為を継続した結果、相手に心身のダメージを与えてしまえば、「問題がない」というわけにはいきません。部下は部下でストレスを抱えていることもあります。例えば、仕事量が多くて疲れがたまっていれば、上司に対して不満を持つ部下もいることでしょう。

しかし、仕事量が多くても、仕事に自分なりの意味を見出し、それがちょうど自分の能力に見合ったものであれば、ストレスとは感じにくくなります。部下に仕事を与えるときに

「今、会社の重要課題はこのようなことだが、その中であなたの仕事は重要な位置づけにあるので、しっかりやってほしい」、あるいは「君がそういうキャリアプランを持っているのなら、この仕事を成し遂げることは、次のステップに進むためにも大切なことだ。ぜひ正面から取り組んでみてはどうか」など、たとえ小さな仕事でも、会社にとって、そして個人にとっての意味づけをしていくことが、部下の疲労感を軽減させることにつながります。

また、部下は「自分だけ仕事量が多い」、あるいは「自分だけ単純な仕事ばかりさせられる」など、仕事の割り振りで不公平感があると、それを上回る報酬（金額だけではないメリット）がなければ、不当感＝怒りを感じるようになります。

あるいは、能力が高く経験が豊富であるにもかかわらず、それに見合った役職や権限を与えられていないなどの場合も、処遇への不当感を持つことでしょう。職場のメンバー一人ひとりの能力レベルに合わせた仕事の配分や、責任の与え方が必要です。特定の人に負担がかかりすぎたり、簡単すぎて能力を発揮できなかったりすることで、職場に力のひずみや葛藤が生まれます。それをうまく解消しないと、職場のひずみが他人に向けられてハラスメントになっていきます。仕事を公平に、効率良く回すことが大事なのです。

上司ともなれば、そうした部下を教育していくことも大事な役割なのです。日頃から組織のルール、仕事の進め方、社会のマナーを、あきらめずにコツコツと教えていくことが求められています。

3 「行為」を叱って、「人」を叱らず

(1) 常識のない部下をどう指導するか

最近、管理職研修などでよく聞かれるのは、「近ごろの若いヤツは、社会人としての基本を身につけてないいんじゃないか？　遅刻しても反省しないし、服装もだらしない。もっと社会人として根本から鍛え直さなければダメだ」というような声です。

しかし、社会人として鍛え直すのであればなおのこと、叱る場合は「行為を叱って、人を叱らず」を心がけましょう。

たとえば、不衛生な服装でいる部下に対して「肩にフケがべたっとついてる。おまえ病気と違うか」「おまえの存在が目障りだ。いるだけで迷惑。おまえのカミさんの気が知れん」などと伝えたケースでは、その部下はうつ病を発症して自殺してしまいました。

これらの言葉には、もはや「清潔な服装で仕事をするように」という肝心な指導の部分は

なくなってしまい、むしろ部下に対する嫌悪感と軽蔑の感情がにじみ出ています。こうなると、パワハラ以外の何ものでもありません。

たしかに、近年、遅刻や無断欠席など、社会人の常識から逸脱した行動をとる社員が増えているように感じます。また、服装の自由度が増したこともあり、華美な装飾や香水、肌の露出の多い服を着てくる者も珍しくありません。たしかに「社会人として鍛え直したい」という気持ちがわいてくることもありますが、だからといってその人の人間性まで否定するのは問題です。

勤怠管理や身だしなみについて、顧客に不快感を与えたり、周囲に迷惑をかけたりするなど目に余る場合にしっかりと指導するのは、上司の重要な仕事です。なぜなら、職場には守るべきルールがあり、それを乱す者はやがて仲間からも信頼されなくなるからです。部下がそのような状況になるのを、上司として見すごすわけにはいきません。このような叱責や指導はパワハラではないので、むしろしっかりと叱ることが大切です。

(2) 具体的な改善策をともに考える

ただ、そのときには正すべき〝行為〟を明らかにして、それについて指導することを心がけたいものです。気をつけたいのは、遅刻を直してほしいのに、「遅刻を繰り返すようなヤツはダメなヤツだ」と人格否定するケースです。言われた部下は「ダメなヤツ」の部分で傷つき、「どうせ自分はいらない人材だ」と遅刻を直す気力もなくします。

叱るときはまず、「遅刻はルール違反だよ」と、問題の行為をシンプルに伝え、さらに「遅刻を繰り返すわけを教えてくれないか」と、相手の言い分に耳をかたむけます。たとえそれが「朝起きられない」というような一見未熟に感じる内容でも辛抱して聞き、「朝早く起きるためにできることは何か」具体的に検討します。そして、遅刻しないためにできることについて、改善策を決めて実行させることです。

このように、問題行動を具体的に改善するための策を、部下とともに検討して講じることが重要です。上司側の一方的な改善策の提示よりも、部下と一緒に検討した改善策であれば、部下自身にも実行する責任が生じます。それでも遅刻を繰り返す場合には、具体策の再検討が必要な場合もあるでしょう。

「こんなに手取り足取りやる問題か？」とも思いますが、遅刻や身だしなみについて常識の範囲でできない場合は、長年の生活習慣や体調不良に起因するものが少なくありません。それだけに改善には時間がかかる場合もあります。

そのような場合は、一人でかかえ込まず、自ら上司に相談したり、健康管理スタッフに助言を求めたりするなど、社内資源、社外資源も利用しましょう。

部下指導において焦点を当てるのは、「行為、言い方、態度、判断」です。国籍や性別、学歴など、本人がこれから努力しても変えられないことや、感情や信条を含め、人格にかかわる部分について指摘することは、本人そのものを否定したり、傷つけたりすることになります。起きた、あるいは起こっている事実を具体的に提示し、改善策をともに検討して、実行させましょう。

さらに、叱るときに意識すべきは公平性です。人によって態度を変えていると、自分の意図にかかわらず、差別しているという誤解が生じる可能性があります。叱るときは、だれに対しても、落ち着いて毅然と対応する必要があります。

反対に、部下の中には「自分の意見が通らないのはパワハラだ」と考える人もいますが、従業員は基本的に上司の指示に従う義務があります。また、「希望の部署につけない、評価が低いのは上司のパワハラが原因だ」と訴えてくる場合がありますが、それが組織の規定や評価制度に則って正しく運用された結果であれば、パワハラには当たりません。

だからといって、その訴えを放置していると、部下は自分の欠点に目を向けず、厳しい上司に責任転嫁して何かと「パワハラだ」と言い続け、自分で自分自身の成長の機会を奪ってしまうことになりかねません。挙げ句の果てに、心身にダメージが生じるケースもあります。

(3) 本人が納得できるように説明する

部下指導は、部下に変化を求めて行うものです。上司として何を言ったか、ではなく、部下が指導の意図を踏まえて変化したかどうかがポイントとなります。変化には恐れがともないますし、部下が自分の間違いを認め、自分の課題の本質に向き合うことはつらい作業となります。

指導の内容が「自分にとって大切なことだ」と部下自身が納得できなければ、自分の間違いを認めたり、それに向き合ったりすることは難しく、変化も起こりません。自分の将来にとってどんな意味があるのか、自分の行為にどのような悪影響があるのかを考えさせるために、上司は、何が問題なのかを具体的な事実をもとに、本人が納得できるよう説明する必要があります。

また、どうすればいいかを考えるために、必要な情報や考え方のヒントを提示しなければば、前に進めない場合もあります。考えるためのサポートをする必要もあるでしょう。

「そのくらい自分で考えるべきだ」と思われる方もいるかもしれませんが、説明を省いたり、突き放すような態度をとったりすると、部下は自分を否定されたり、攻撃されたりしているように感じます。自分の身を守ることに意識が向かい、問題の本質にたどり着けないでしょう。

部下が自分自身の行動にしっかりと向き合うには、温かく見守り、部下が安心して、自ら心を開ける機会や場所をつくる必要があります。安心して自分を見つめる場所があって、人は初めて変化へのチャレンジを決意し、次のステージへの第一歩を踏み出すことができるのです。

第6章

パワハラにならない
コミュニケーションを身につける

第5章では、パワハラ問題のレベルに合わせて、その対処法について説明してきました。しかし、どんなに「パワハラしないように」と気をつけたとしても、部下指導との境い目がはっきりとわかることはありません。そのため、上司として部下のマネジメントをする上で、パワハラ問題と無縁ではいられません。そう考えると、いかに普段から部下と良好な関係を築いておくか、ということが重要になります。

日ごろから、自分の言動が部下にどのように映っているかを考えたり、部下の状況や気持ちを知ったりしていれば、パワハラの未然防止となるだけでなく、何よりも、だれもがいきいきと能力を発揮できる職場風土になっていくでしょう。

つまり、パワハラのない職場づくりを実現するということは、日ごろのコミュニケーションの中で、ちょっとした気遣いを積み重ねていくことにほかなりません。それは、「部下にパワハラと言われないために」ビクビクしながらやるものではなく、部下の能力発揮をうながし、職場全体のやる気を向上させるために行うものです。これこそが、上司が本来発揮するべき「リーダーシップ」ではないでしょうか。

第6章では、そんな部下とのコミュニケーション術について考えていきます。

1　効果的なコミュニケーション法

(1) メールやLINEで叱責をともなうような指導はしない

メールでの叱責は、効果的な部下指導法ではありません。

もともとメールは、伝達事項（会議の予定や決定事項）を伝えるには手軽で便利なツールですが、感情や細かなニュアンスを伝えるのは苦手です。たとえ的を射た指摘でも、上司の真意が伝わらず、必要以上に部下を傷つけてしまうことがあります。文字数の少ないＬＩＮＥも同様です。

近年、増加しているメールなどでの指示命令に関するトラブルは、伝えた上司側の本心が正しく伝わらないことに端を発しているものが数多く見られます。少なくとも、叱責をともなう部下指導は対面で行いましょう。その上で、自分の伝えたい内容が正しく伝わっているか、相手に確認しながら進めます。もちろん、部下側の言い分もしっかりと聞いてください。

指導だけでなく、ちょっとした事務連絡でも、最近はメールだけですましていることが多いように思います。「伝え忘れないように」という意味で使うことはいいのですが、メールなどの文面だけの情報はなかなか相手の記憶に残らないものです。

かつて、事務連絡は机上にメモを残すのが当たり前でした。直筆のメモは、その書きクセや筆圧などで、だれからのメッセージだったかを瞬間的に、鮮明に記憶することができます。しかし、メールの文字は画一的でどれも同じように見えるため、それがだれからのメッセージなのか、決済をともなう重要な情報なのか、それとも単なる事務連絡なのかを瞬時に判別するのは難しいものです。

この段階で誤解が生まれて「言った、言わない」「メールを見た、見ない」でトラブルが生まれます。私たちの事務所でも「メールを送りましたが、見ましたか?」「え? 見てない……」というやり取りは日常茶飯事です。

メールだけで「自分の考えていることが正しく伝わっている」と思ったら、大きな間違いです。それだけではなく、ちゃんと顔を見て声をかけて確認する、メモを入れて再確認をうながすなど、メール+アルファのコミュニケーションを心がけましょう。

また、メールで叱責した内容がccなどで拡散したり、誤送信により情報が漏れたりすれば、部下は、「職場の全員に自分のミスが知られ、恥をかかされた」と感じてしまいます。

メールの取り扱いには十分な配慮が必要です。

(2) 部下の意欲を引き出す伝え方

たとえば、午後から始まる会議の資料が、昼近くになっても部下から出てこないとき、どのように伝えるべきでしょうか。

A：「いつできるんだよ！　資料が間に合わないとか、ありえないだろ！」
B：「資料が間に合わないいんじゃないかと心配なんだけど、どうなってる？」

Aの伝え方は部下の状況をまったく把握しないままに叱っていて、部下のモチベーションを大きく低下させてしまいます。上司がいつも自分の思い込みで部下を叱責していれば、言われている側は「どうせ部下の状況なんてどうでもいいと思っているんだろうな」と士気が低下して仕事の完成度を上げる力も失せてしまうでしょう。また、資料作成がぎりぎりになる理由をつかむことができないため、同じ失敗を繰り返すことになりかねません。

その結果、上司はますます怒鳴り散らし、部下はどんどん萎縮して上司の顔色をうかがい、自分で考えない指示待ち部下ばかりになり、部門の成績が伸び悩む、という悪循環が生まれます。

それに対してBの伝え方は、「部下には資料が完成できない理由があるのではないか」と確認するスタンスです。会議の資料ができていなければ困るのは上司と部下の共通の課題です。同じことを伝えるのでも、問題を共有して具体的な解決策を一緒に見つけることにつながり、それが最終目標である「午後の会議に資料を間に合わせる」ことになるだけでなく、困ったときには早めに相談する、というような仕事の仕方の改善にもつながります。

指定した期限を守らなかったり、目標達成に対する意欲が感じられなかったりするなど、部下指導が必要な場面はたくさんあります。そのときに、「何で自分の思い通りにならないのか」「上司の言うとおりにやりなさい」とばかり伝えているとパワハラになっていきます。

一方で、部下の一人ひとりにフォーカスして各自の成長課題を見つけ、それに対して部下自身に考えさせるかかわりを続けていると、自分で考えて行動できる部下に成長していきます。ときには、小さな失敗ならば目をつぶり、見守る姿勢も必要です。その失敗から自分の課題や目標を自覚し、行動させることが大切なのです。

そして、上司はその部下の目標が、組織の目標と同じベクトルに向いているか、またはその目標に見合う活動をしているかを、必要なときに客観的な視点で助言をすることでズレをなくしていく役割があります。そして、自分の責任で行動するようになった部下を、「よくやった」と認め、信頼することを忘れないようにしたいものです。上司にねぎらいの言葉をかけられて部下が自信を深めれば、もう一段上のステップに進むこともできるでしょう。

また、仕事上期限が迫っているときには、どうしても部下に無理やり期限を守ってもらわなければならず、そのために部下に大きな負荷がかかることもしばしば起こります。それに対して部下ががんばって期限どおりに仕事を仕上げたときや、計画以上の品質を実現したときなどは「大変だっただろう、ありがとう」「とてもよくできているよ」など、感謝やねぎらいの言葉も忘れないようにしたいものです。

部下がやる気になるための報酬とは、給料やボーナスよりも、実は上司のこんな「ねぎらいの言葉」なのです。

2 「業務上必要なのか」を問う

(1) 使い走りはパワハラか

服務規律違反や迷惑行為を部下が行っているような場合は、上司として厳しく叱責、指導する必要があります。これをパワハラと判断されては、上司は仕事ができません。

一方で、「部下にコーヒーや昼食を買いに行かせる」ことはパワハラでしょうか。これは定義にある「本来業務の適正な範囲」かどうかを考える上で、もっともシンプルで身近な例だと思います。

部下や後輩に、いつも自分のコーヒーや昼食を買いに行かせる行為は、業務に必要ではありません。ただ、行為自体にそれほどの負担感があるわけではありません。ですから、単に部下に昼食を買いに行かせただけで、「パワハラ上司」というレッテルを貼られることは、現実的にはあまりないでしょう。

しかし、このような行為を「パワハラだ」と言う人もいます。そういう人の話をよく聞いてみると、そのような上司は日常的に部下を使い走りにして、部下の予定や仕事に配慮しておらず、頻繁に部下の仕事を中断させていることに気づいていません。上司の都合で突然、自分の本来業務を邪魔されて、しかもそれが業務と関係のないことであれば、自分も、自分の仕事も尊重されていないと感じるのは当然です。

しかし、上司はまったくおかまいなし。「自分だって上司にやらされてきたんだから、部下がやるのは当然」ぐらいに思っているのでしょうが、その上司は部下の存在や仕事、成長について、どのように認識しているのでしょうか。また、いつも部下を使い走りにする理由とは、いったい何でしょうか。

このように、明らかな人格攻撃があるわけでもないのに、小さな「本来業務の範囲外」の行いの積み重ねで「パワハラだ」と言われてしまう場合は、部下への態度が「人として見下している」ととらえられている可能性があります。

相手が置かれている状況に関心がないような上司に、好感を持つ部下はいません。また、無意識に「部下は上司の都合を優先するものだ」「上司を敬うべきだ」というような「ゆがんだ思い込み」があると、横柄な態度をとったり、些細な物言いが「上から目線」になったりします。これが業務に直結する内容であれば「仕事だから当然だ」と部下もある程度は納得できますが、業務と関係ないことだと「なんで自分がそんな言い方をされるのか」という不当感につながるのです。

(2) 上司も部下も人としては対等

そのような印象を与えないために、上司は「部下も自分も人としては対等」という意識を明確に持つことです。組織に業務上の上下関係があり、組織の目標に向かって上司が部下に指示や命令を出すのは当然です。しかし、一個人としては対等な存在です。上司はただでさえ「上司というパワー」を持っているだけに、対等な関係をつくるにはそれなりの自覚と努力が必要ですが、何も難しいことをする必要はありません。

たとえば、「部下も自分も対等だ」と思えば、日常的にコーヒーや昼食の使い走りはさせないでしょう。どうしても部下に頼む必要があるときには、一言、「いまちょっと大丈夫かな？」と、部下の業務について配慮してからお願いし、行ってくれた場合に「ありがとう」と必ずお礼を言いましょう。単に「ありがとう」と言えばいいのではなく、だれもが対等な人間であることを意識して、それを言葉にして伝えることが大切なのです。

このような意識を持てば、部下の本来業務を大切にする、信頼される上司となります。そして同時に、本来業務の範囲内の叱責であっても、人格攻撃をすることはなくなるでしょう。

パワハラの概念にある「本来業務の適正な範囲」と「人として対等であるという意識」を、いつも念頭に置いて部下にかかわることが、不要なパワハラの訴えを減らすことにつながります。

3 どんな言葉で伝えたらいいのか

(1) 言葉で線引きはできない

よく「パワハラになる言葉には、どのようなものがありますか」と聞かれることがありますが、言葉での線引きはできません。たとえば、工事現場のような騒音の激しい場所で、ぼんやり仕事をしていると危険です。その場合は、大声で「バカヤロー！　危ないじゃないか！」と怒鳴りつけることも必要です。しかし、静かなオフィスで、同じ声の大きさで「バカヤロー！」と怒鳴ることが必要でしょうか。

このように、特定の言葉だけをグルーピングして「パワハラ」とくくってしまうのは、単なる言葉狩りにしかすぎません。

とはいえ、怒鳴られて育った現在の上司の世代は、残念ながら、部下を「大声で怒鳴って言うことをきかせる」か「バカにして未熟さを思い知らせる」以外の叱責方法を知らない場合もあるようです。そうであれば、適切な言葉のヒントがあれば、パワハラをしなくてすむかもしれません。

以下の二つの例題について、あなたならどう言い換えて指導するでしょうか。具体的な言葉を記入してみてください。

A：提出書類に、いつも誤字脱字がある部下に対して

パワハラの例「こんなこともできないの？　おまえ、使えないなあ」

⇓

B：業務報告を求めるたびに、ふてくされた態度をとる部下に対して

パワハラの例「なんだその態度は！　おまえは自分がしていることがわかっているのか！」

⇓

(2) 部下が受け入れやすいコミュニケーションのコツ

まず、どちらのケースにも共通していることは、「おまえ」が主語になっていることです。これを「YOUメッセージ」と言い、攻撃的なときにはたいてい「おまえが悪い」という言い回しになります。

これを「私」が主語になるように置き換えてみると、どうでしょうか。

A：「私は君に期待しているが、誤字脱字で評価が落ちるのはもったいないと思う」
B：「私には、あなたが納得していないように見えているんだけれど、何か理由があるなら教えてほしい」

このように、「私は（こちらは）～～です」と、「主語を私に」変えます。これを「Iメッセージ」と言います。これをおぼえるだけでも、パワハラという印象は少なくなります。「YOUメッセージ」は、「この問題の責任はすべて相手にある」というニュアンスで伝わります。部下のミスや不遜な態度は、たしかに部下に責任があるのですが、それを直球で、しかも相手が受け取れないほどの勢いで投げられれば、部下は受け取ることができません。

コミュニケーションは、よくキャッチボールにたとえられますが、相手が受け取りやすいボールを投げることはとても重要なのです。特に、叱責がともなう場合は、そもそも相手が下を向いていて、受け取る体制に入っていない場合もあります。その場合は、「Ｉメッセージにする」ことで、自分の気持ちや考えを伝えます。そうすることで相手が受け取りやすいボールに変化させることができます。

そして、そのコミュニケーションのキャッチボールを続けるためには、お互いに相手の受け取りやすいところに「言葉」というボールを投げ続けることが求められます。そのときにも、相手に「ここに投げろ」というよりも、自分が先に相手が受け取りやすいボールを投げることを意識しましょう。

相手だけを一方的に変えさせるのではなく、自分が対応を変えることで相手に変化をもたらすほうが、効率良く、上手にコミュニケーションを続けることができます。

4　言葉以外のメッセージを理解する

(1) パワハラととられる体の動き

メラビアンの法則をご存じでしょうか。コミュニケーションにおいて、言語情報の影響度は7%しかなく、残りの93%は視覚情報や聴覚情報によるものであるという研究結果です。言葉のメッセージと表情や声色のメッセージが食い違う場合、人は表情や声色などのノンバーバルのメッセージを受け取りやすいのです。パワハラにおいても、言葉には含まれない否定的なメッセージを受けて、部下が追い込まれるケースが後を絶ちません。

例えば、休暇を申請した部下に、「どうぞ休んで」と言いながらも相手の顔も見ないで伝えたら、部下は「これは、休むなというメッセージだな」と解釈します。

また、第4章でご紹介した同僚同士のいじめのケースでは、「目配せと冷笑」によって仲間外れを起こしていました。このように、言葉以外のメッセージが、場合によっては言葉以上に攻撃的になることがあります。そして、これは自分が意識していようと無意識であろうと、相手に伝わってしまうのです。

部下に「もしかしてパワハラ上司？」と思われないためにも、言葉以外のメッセージのチェックはとても有効です。たとえば、以下の項目をチェックしてみてください。

●腕組みをする
●貧乏ゆすりをする
●机をトントンとたたく
●眉間にシワが寄る
●口角が下がっている、または口を尖らせる
●部下の話をふんぞりかえって聞く
●部下が話している最中にため息をつく
●ペンをくるくると回す
●PCばかりを見て、部下の顔を見て話さない
●部下に指やペンを指し示しながら話す

これらは、相手に不快感を与えやすい項目です。特に、上司がこのような態度でいる場合には、部下はそれぞれ次のように感じています。

●腕組み　⇓　拒絶されている

●貧乏ゆすり、机をトントン、ペンをクルクル　⇓　イライラしている
●眉間にシワ、口を尖らせる　⇓　怒っている
●口角が下がる　⇓　不機嫌
●ふんぞりかえって聞く、ため息　⇓　バカにされている、軽く見られている
●PCばかりを見て、部下の顔を見て話さない　⇓　自分の話に興味がない
●指差し、ペン差し　⇓　責められている

このような威圧的な態度や表情で指示命令されれば、部下は「上司は不機嫌だ。怒っている。自分を否定している」などと受け止めるかもしれません。そして、いつもこのような態度で部下に接しているとすれば、それだけでも「パワハラ上司」のレッテルを貼られてしまうことになりかねません。

ほかにも、相手を不安にさせたり、不快に思ったりするボディーランゲージがないか、チェックしてみましょう。

(2) 部下の誤解を防ぐポイント

パワハラ上司と誤解されないためには、この反対を心がけることです。つまり、部下と話

すときは、相手の顔をしっかりと見て、腕は机の上に自然に置き、姿勢をただし、口角を上げると同時に眉間の力をゆるめることを意識します。

日ごろさまざまなプレッシャーに押しつぶされそうになっていれば、上司も人間ですから自然に不機嫌な表情になっているはずです。トイレに行ったときにでも、鏡に向かって表情をやわらげてはいかがでしょうか。日ごろの鍛錬の成果は、いざというときの部下指導に表れます。

また、人は表情が変わると感情も変化すると言われています。怒った表情をすれば気分もイライラしますが、意識的に笑顔をつくると気分も明るくなるものです。自分の感情を表情でコントロールできる、という逆説を利用してみるのです。

イライラや怒りはすぐに切り替えるのは難しいのですが、表情ならば、ちょっと気にすれば変えられます。心と体は切っても切れない関係だからこそ、意識的に「笑顔をつくる」ことを上手に活用すればよいのです。

自分が言葉以外で表現していることを客観的にチェックすることで、「これってパワハラかも……」という部下の誤解を防ぐことができます。

5 自分の感情を大切にする

(1) あなたはイライラしていないか

自分の思いどおりに物事が進まないとき、怒りや不安を持つのは当然でしょう。その意味で、部下が思いどおりの成果を出さなかったり、自分の言うとおりに行動しなかったりすれば、ついつい怒ったり口出しをしたりしてしまうのは仕方のないことかもしれません。逆に「部下にやらせるぐらいなら、自分でやったほうがよっぽど気が楽だ」という考え方で部下から仕事を奪ってしまうケースもあります。

しかし、上司一人で業務をこなせるわけもなく、部下をうまく使って成果を出さなければならないのは言うまでもありません。このジレンマの中で、上司のイライラはつのる一方です。

さて、あなたは自分の中にイライラする感情が生まれたとき、それに気づいていますか。気づいているとすれば、それをどのように解消していますか。解消できていないとすれば、何が原因でしょうか。それとも、「いや、自分はイライラなんかしていない」と思っているでしょうか。

日常業務を進めるなかで、問題や課題は目白押しです。何の問題も生じない仕事があるとすれば、気づいていないだけでしょう。それと同じで、もしも自分はイライラしていないと思っているのだとすれば、イライラに気づかないフリをしているだけかもしれません。

「イライラしてはいけない」と押さえ込んだり、ないものとして抑圧したりすれば、いずれ大きな怒りとなって表出します。部下に対するいら立ちをがまんすればするほど、風船が破裂するように何かのきっかけで大爆発してしまうのです。

まずは、自分の今の感情に気づいてみましょう。実は感情というのは扱うのがやっかいで、特にイライラのもとになっている「不安や怒り」は、一度その感情に巻き込まれてしまうと、そうかんたんに元通りにはなりません。ですから、仕事中、多くの人は「仕事に感情を持ち込んではいけない」と、感情を押さえ込んで、できるだけ理性的に対処しようとしています。

これはこれで、効率的に仕事を進める場合には一定の効果がありますが、やはり人間は感情から完全に逃れることはできません。たまったり押さえ込んだりした感情は、どこかできちんと解消しないと、自分が壊れてしまいます。感情の表出が苦手だなと感じる人は特に、まずは自分の感情に焦点を当ててみましょう。表出の仕方は、そのあとじっくり考えればよいのです。

(2) がまんしないですぐに指摘する

部下を指導するときは、相手にばかり気を使うのではなく、自分の感情も大事にしてください。不安や怒り、イライラする気持ちをがまんしないで、その場で端的に、適切に伝えることも大切です。

たとえば、1時間半にもおよぶ叱責の間、不遜な態度をとり続けた部下に対して、怒りを爆発させてしまいパワハラと訴えられたケースもありました。たとえ部下からパワハラを誘発されたと感じても、感情を爆発させてよいわけではありません。

指導するときの部下の態度が気になったら、その時点で「どうもあまり納得していないようだけど、そんな態度だと私も話しづらいよ。これではいい話し合いにならないが気がするんだが……?」などと、早めに部下の態度について、自分がどのような印象を持っているのかを表明しておくことです。それでも部下の態度が改まらない場合は、その態度も含めて会社でどのように判断するのかを、改めて検討すればよいのです。

また、ミスをしたらその行為をその場ですぐに指摘すれば、部下も「この点が問題なんだ」ということをその場で理解できます。一方で、「まあ、これくらいはいいか」と指摘しないときでも、自分の心の中にはイライラがたまります。そして、指摘されなかった部下は「まあ、これくらいなら許されるんだ」と甘くなり、同じようなミスを繰り返すようになります。これがさらに上司をイライラさせることになるのです。

管理監督者が持つ職場でのストレスはさまざまで、イライラすることは避けられないかもしれません。だからこそ、まず自分自身の感情を大切にしてほしいと思います。ため込まないでタイミングよく指摘すれば、部下も安心して上司と向き合うことができます。

6 問題が起こったらどうするか

みなさんの部下が、あなたではない別の人からひどいパワハラ被害を受けていたら、上司としてはどのようにすればよいのでしょうか。

みなさんの会社には、パワハラ相談窓口はあるでしょうか。また、その窓口は、どのようなことをするのでしょうか。これらについて、部下から相談を受けたときにしっかりと説明できないと、「結局、会社は何もやってくれない」と、被害を受けた人は落胆してしまいます。

会社にパワハラ相談窓口が設置されている場合は、基本的に、たとえ些細と思われる出来事でも相談を受けつけているものです。また、相談した内容について周囲に漏らしたり、被害者の意思を確認せずに事実調査を進めたりすることはありません。パワハラ被害を受けているという相談を受けた場合は、本人の了解のもとすみやかに相談窓口につなぎ、問題解決のステップに進むことが大切です。

また、行為者や被害者が自分の部下だった場合、「自分の部門で起こった問題は、自分が責任を持って解決しなければ……」と、上司が自ら周囲に事実調査をしたり、被害者からの話を一方的に信じて、行為者の言い分も聞かずに注意を与えたりしてしまうことがあります。これはやめたほうがいいでしょう。

なぜなら、自分の部下については、日ごろの就労態度や業務遂行能力など、個々人の印象が深く自分の中に根づいていて、それが先入観となって客観的に物事をとらえるのが難しくなっているからです。「彼女はいつもだらしがないから、そんな被害にあうんだ」や「能力の高いアイツが、そんなひどいことをするわけがない」など、ハラスメントの事実をゆがめてとらえてしまい、それをもとに注意や助言をしてしまったがために問題がこじれてしまうケースが後を絶ちません。

被害者が苦しんでいて、なおかつ問題解決を会社に求めているときは、事実調査そのものは相談窓口にまかせ、自分は通常のマネジメント業務に専念することが肝要です。

ただ、身の周りで起こっているパワハラについて、「いま、調査中だから……」と傍観するわけにはいきません。部下がだれかにパワハラに当たる行為をしているのを見かけたら、その場ですぐ「その行為はいますぐやめるように」と注意する必要があります。

これらの行為を見かけたときに、「後で個室に呼んで注意しよう」とその場で静観してしまうと、別の部下には「見て見ぬふりをした」「あのパワハラ行為を上司として黙認するのか」と映り、あらぬ誤解を呼んでしまいます。まずは問題行動を止めさせ、その後でゆっくり個室でそのような言動に至った理由を確かめ、改善をうながしましょう。

職場の秩序を乱し、混乱させたり、だれかを傷つけたりすることは許されません。その場でしっかりと注意する必要があります。こういうときこそ、パワハラと言われるのを恐れずに「指導」してください。

おわりに

パワハラは大きな代償を払うことに

2018年3月、厚生労働省が主催した「職場のパワーハラスメント防止対策についての検討会」から報告書が出されました。時期や手順に関していろいろな意見はあるものの、いずれパワハラ防止が規定されるべく、労働政策審議会に議論のステージは移されました。

私たちがパワハラという概念を提唱し始めて17年目のこととなりましたが、この間を振り返ってみると、パワハラ問題に積極的に取り組んだ組織と、そうでない組織の格差は広がったように思われます。

2018年5月、大学スポーツ界で起きたハラスメント問題を見てみると、相当立ち遅れた組織風土を垣間見ることができます。これによる当該大学の経済損失は、受験料だけでも数億円にのぼるのではないかとも言われ、いまやこのようなことを行った結果、組織が受ける損失は計り知れないことを思い知らされました。

「パワハラは判断が難しい」などという理由から、対策を打つことをためらう企業もいまだ多く存在しますが、ぜひ、パワハラ防止の法制化を待つことなく対策を進めていただきたいと思います。ひとたび問題が発生したらその企業組織の損失は計りしれませんし、もし仮に悪質なパワハラ問題を起こした従業員がいたとしたら、それを放置した企業組織の責任も問われることになります。

組織としてハラスメント防止宣言を行い、就業規則や行動規程を設け、組織的に防止対策を打っていたなら、問題は深刻化せず、また事業者責任は軽減されるはずです。厚生労働省の「明るい職場応援団」ホームページには、無料で利用できる対策ガイドラインや教育コンテンツなどが豊富にあり、中小企業で予算の確保が難しい場合でも実施が可能です。ぜひそれらを活用することをおすすめします。

パワハラ対策の限界を超えるために

一方で、早くからハラスメント対策を進めている企業では、「やってはいけない行為を列挙するようなパワハラ防止対策」に限界を感じている担当者も多くなっています。私たちはパワハラという概念をつくり出した立場から、そうした新たな課題にも応えていきたいと思っています。その一環として、数年前から私たちは「ハラスメントフリー®な組織づくり」

を提唱しています。

ハラスメントフリー®な職場とは、以下のような職場です。

- 単にハラスメントがない職場というだけでなく、ハラスメントから解放されている職場
- 働く人々の人権や人格が侵害されないことはもちろん、それぞれが互いに尊重し合う職場
- 不幸にしてハラスメントが発生してしまった場合には、その解決に向けて最善の措置が講じられる制度・体制が整備されている職場
- そこで働く一人ひとりが自立し、持てる能力を最大限発揮し、いきいきと働いている職場
- そういう職場を自らがつくるという意志を、働く人と組織が持っている職場
- そうした職場づくりへ向けて努力を惜しまず取り組み続けている職場

このように、ハラスメントフリー®とは、より積極的にハラスメント対策に取り組み、活力ある職場づくりを行っている状態を表しています。これからますます人材は多様化することでしょう。さまざまな人々が組織活動にかかわる以上、価値観の対立や葛藤が生まれることは避けられません。

その結果、残念ながらハラスメントが起きてしまうことがあるかもしれません。傷ついた心や関係をみなで互いに修復しようとする職場、そういうハラスメントフリー®な職場づくりを支援していきたいと考えています。

そして、このような職場づくりには、上司の意識や態度が大きく影響してきます。そうした上司の部下とかかわりについても積極的に提言を行っていきます。ハラスメント対策に取り組んではいるものの、相変わらず「叱らないと部下は育たない」「パワハラ対策によって企業が弱体化する」などという意見が聞かれます。

このような意見に対し、私たちは「本当に叱ることは有効か」とずっと考え続け、経営者や管理者に問いかけています。

さらに一歩進めて、「上司は部下を指導することができるのだろうか」「これまでとは上司の役割が大きく変わっているのではないだろうか」と思っています。そもそも叱るとは『相手の非を正し、厳しく指導すること』です。それが有効かどうかを検討してみる必要があります。

これまでの価値観が通用しない時代

「ＶＵＣＡ」と言われる、変動（Volatility）、不確実（Uncertainty）、複雑（Complexity）、あいまい（Ambiguity）な社会の中で、企業は生き残りをかけて常に新たな価値をつくり上げ、絶えず経営を見直し、新たなチャレンジをしています。不確実であいまいな環境下では、何が正しくて何が間違いなのか、その境界線はわかりにくくなっています。

機能が高く、品質に優れ、均一で、持続して供給する力が日本的経営の良さとして称賛された時代の中心に据えられていた信念、価値観は本当に有効なのか、経営的視点から再検討してみる必要があります。勤勉さ、従順さが尊重され、間違いがあればそれを叱っていち早く修正するべし、という思考からは、新たな価値は生まれなくなっているのではないでしょうか。つまり、「いままで大切にしてきた価値観は経営上有効か」という視点から部下指導のあり方を再検討する必要があるのです。

さらに、「上司が持つ仕事のスキル、情報に優位性はあるのか」を問いたいと思います。従来の上司の役割は、過去の経験や社内の情報を部下たちに伝えることにありました。現在ほど変化が少なく、情報が手軽に得られない時代では、上司の経験や情報の価値は高かったことでしょうし、部下にしてみれば叱られてでも、得るものは多かったと言えるかもしれません。

しかし、残念ながら、今や上司が部下に教えることができる領域は非常に限られています。総務省が有識者に行った調査によれば、ＡＩが一般化したときに求められる能力は「チャレンジ精神や主体性、行動力、洞察力などの人間的資質、企画発想力や創造性」だということです。

こうした人材は、教えたり叱ったりすることでは育ちません。もしも部下に指示どおりに動いてほしいなら、人間を育てるよりもＡＩを活用したほうが、経営としては効果的でリスクも少ないということになります。

そして問題行動をする部下の育成を考える際、「叱るという方法しかないのか」という疑問もあります。部下育成のためのコミュニケーションには、指示する、説得する、説明する、同意する、質問する、ほめる等々、さまざまな方法があります。ときには叱ることも必要かもしれませんが、これも明らかなルール違反をしたときなど、使う場面はかなり限定されるでしょう。

仮にルール違反をしているなどの問題行動があったとしても、一方的に叱るだけで問題の改善はされにくいものです。現に「何度言ってもわからない」といって繰り返し注意をしている上司もいますが、それは何度言っても効果がないということを示しているにすぎません。

多様な属性、多様な価値観を持った人材に対応していくには、相手と状況に合わせてさまざまなコミュニケーションを駆使して相手に理解してもらい、問題行動を変えてもらわなければ意味がありません。これからの管理職は、いくつものコミュニケーションの中から最適な方法をいつでも使いこなせるようにしておく必要があります。叱るという方法だけでは、ダイバーシティ経営、グローバル経営を進める組織のリーダーはつとまらないでしょう。


これからもスピード化、グローバル化など、企業間の競争はさらに激化していきます。厳しい競争のもと、無理な売上目標や納期、過度な品質の追求、過剰な顧客第一主義などが、職場へのプレッシャーになってはいないでしょうか。形式的で非効率な仕事の仕方が生み出す長時間労働、不公平な処遇、不明確な役割、非効率な組織編制など、従来の経営戦略や組織体制そのものが、職場内の緊張や葛藤を生み出し、ハラスメントをつくり出している可能性があります。

今、社会全体が不確実で、混沌とした状況に置かれ、人々も疎外感、不安感を抱きやすくなっています。だからこそ、人間性を尊重した経営が求められています。組織そのものの存在価値、戦略、人事も含めて、根本から見直す時期に来ているのではないでしょうか。

その見直しの先に、ハラスメントフリー®な職場による企業の成長と発展があると、私たちは信じています。

著者略歴

岡田 康子（おかだ・やすこ）

1954年生まれ。中央大学卒業、早稲田大学大学院MBA。1988年新事業のコンサルティングを行う㈱総合コンサルティングオアシスを設立。90年にメンタルヘルスの研修と相談を行う㈱クオレ・シー・キューブを設立し代表取締役就任。パワーハラスメントという言葉をつくり出し、公的機関や企業への講演研修を数多くこなす一方で、職場のハラスメント防止対策プログラムの開発を行う。2011年度厚生労働省主催「職場のいじめ・嫌がらせ問題に関する円卓会議」および「同円卓会議ワーキンググループ」メンバー。2017年度厚労省主催「職場のパワーハラスメント防止対策についての検討会」委員。

著書に『上司殿！それは、パワハラです』（日本経済新聞出版社）『許すな！パワー・ハラスメント』（飛鳥新社）『管理職のためのパワーハラスメント論』（共著、実業之日本社）などがある。

稲尾 和泉（いなお・いずみ）

1967年東京都生まれ。大学卒業後、地方公務員、電機メーカー勤務等を経て、2003年4月より㈱クオレ・シー・キューブにてカウンセラーおよび主任講師。産業カウンセラー/キャリア・コンサルタント、精研式SCT（文章完成法テスト）修士、日本産業カウンセリング学会会員。厚労省主催「パワーハラスメント対策企画委員会」委員（2016～2018年度）。

著書に『上司と部下の深いみぞ～パワー・ハラスメント完全理解』（共著、紀伊國屋書店）『あんなパワハラ　こんなパワハラ』（全国労働基準関係団体連合会）がある。

日経文庫 1397

パワーハラスメント

2011 年 10 月 14 日　1 版 1 刷
2018 年　8 月 10 日　2 版 1 刷
2018 年　9 月　6 日　　　2 刷

著者　岡田康子・稲尾和泉
発行者　金子 豊
発行所　日本経済新聞出版社
https://www.nikkeibook.com/
〒 100-8066　東京都千代田区大手町 1-3-7
電話：03-3270-0251（代）

装幀　next door design
組版　マーリンクレイン
印刷　東光整版印刷
製本　星野製本

ISBN978-4-532-11397-1
Printed in Japan
